우리가

사랑한

비린내

우리가 사랑한 비린내

해양생물학자가 우리 바다에서 길어 올린 풍미 가득한 인문학 성찬

초판 1쇄 발행 2017년 4월 25일 ＼**초판 4쇄 발행** 2018년 2월 20일
지은이 황선도 ＼**펴낸이** 이영선 ＼**편집 이사** 강영선 김선정 ＼**주간** 김문정
편집장 임경훈 ＼**편집** 김종훈 이현정 ＼**디자인** 김회량 정경아
독자본부 김일신 이호석 김연수 박정래 손미경 김동욱

펴낸곳 서해문집 ＼**출판등록** 1989년 3월 16일(제406-2005-000047호)
주소 경기도 파주시 광인사길 217(파주출판도시) ＼**전화** (031)955-7470 ＼**팩스** (031)955-7469
홈페이지 www.booksea.co.kr ＼**이메일** shmj21@hanmail.net

ISBN 978-89-7483-845-4 03900
값 15,000원

이 도서의 국립중앙도서관 출판시도서목록(CIP)은 e-CIP 홈페이지(http://www.nl.go.kr/ecip)에서
이용하실 수 있습니다.(CIP제어번호: CIP2017008357)

우리가
사랑한
비린내

해양생물학자가
우리 바다에서 길어 올린
풍미 가득한
인문학 성찬

황선도 지음

서해문집

맛은 알아도
정체는 묘연했던
바닷속 생명들의 비밀

지금은 번듯한 빌딩들이 솟아 있는 종로. 불과 몇 년 전만 해도 교보문고 출입구를 등지고 서서 왼쪽으로 스무 걸음 남짓 걸으면 좁고 구불구불한 골목이 나타났다. 조선시대에는 임금과 고관대작들이 다니는 큰길로 경복궁, 광화문 앞길로 육조거리가 있었고 도성 8문을 여닫게 했던 종루가 있는 종루십자가에는 시전행랑이 즐비하게 늘어서 있었다. 당시 종로에는 상인을 비롯한 백성들이 많이 다녔는데, 고관들이 "쉬이~ 물렀거라~"할 때마다 바짝 엎드려야만 했다. 때문에 평민들은 양반들이 말을 타고 나타나면 냉큼 뒷길로 숨어 버리곤 했는데, 이렇게 말을 피해 숨었다 해서 이 골목길을 '피맛골'이라고 부른 것이다.

　양반들의 눈으로부터 자유로웠던 피맛골에는 차츰 서민의 허기를 달랠 음식점들이 생겨났다. 지금은 많은 이들에게 추억으로 남아 있는 곳이지만, 한때 피맛골은 주변 직장인들과 호주머니 가벼운 대학생들의 사랑을 한 몸에 받던 모임 장소로 번성했다. 두 사람이 간신히 지날 만큼 좁은 골목을 따라 음식점과 주점이 즐비했는데 해장국부터 빈대떡, 제육볶음, 낙지볶음, 생선구이… 그 종류도 가지가지였다. 나는 특히 연탄불에 노릿노릿 구운 고등어 한 점과 시원한 막걸리를 잊지 못한다. 그 시절 피맛골에는 우리가 사랑한 비린내가 골목골목을 구수하게 채웠다. 지금 그 자리에는 위풍당당한 오피스 빌딩들이 추억마저 허물어 버렸지만, 찬바람 부는 겨울이 되면 기억은 다시 종종걸음으로 그 골목 어디쯤을 배회한다.

어쨌거나 이제는 자본이 가치를 규정하는 세상이 됐다. 한 가지 잣대로 쓸모 있는 것과 쓸모없는 것이 나뉘고 주류와 비주류가 나뉜다. 정규직과 비정규직이 차별받는가 하면 갑질-을질, 금수저-흙수저의 논란 속에서 새로운 신분제가 생겨나기도 했다. 사실 자연생태계에서는 생태적 지위에 따른 역할만 있을 뿐 이런 계급과 노골적 차별이 없다. 생물 종마다 먹이와 영역 싸움을 해서 이긴 놈은 남고 진 놈은 떠날 뿐 지배 하고 착취하지 않으니, 오히려 인간사보다 공정하다.

그런데 인간들은 자기들의 호불호에 따라 자연생태계에도 간섭을 한 다. 30년 넘게 바닷물고기를 연구해 오면서 자연스럽게 물고기 입장에 서 인간사를 바라보게 되었는데, 여간 억울한 게 아니다. 사람들은 바닷 속 생물에게 해산물이라는 미명하에 계급을 매겼다. '물고기'라는 호칭 만 봐도 그렇다. 지구상에는 약 3만 2천 종의 다양한 어류가 있다. 우리 인간을 포함한 척추동물 중 가장 많은 종을 보유하고 있음에도 제 나름 의 이름으로 불리지 않고 싸잡아 물고기라 부르지 않던가. 물에 사는 고 기. 말 그대로 고유의 개체적 특성 없이 오로지 먹거리로만 규정된 것이 다. 우리의 회 차림을 봐도 광어와 우럭 등 메인에 오르며 대접받는 해 산물이 있는 반면 해삼, 멍게, 개불처럼 일명 '스키다시'로 불리며 '곁들 이' 신세를 면치 못하는 해산물도 있다. 이들은 소주 반병용이다. 해삼, 멍게, 개불 입장에서는 이런 계급 매김이 기가 찰 노릇일 거다. "아니, 우리가 왜? 뭐가 어때서!"

우리 인간의 역사는 수렵과 함께 시작됐다. 수렵 도구가 발달할수록 인간의 먹을거리는 풍족해지고 다양해졌다. 물고기를 비롯한 조개, 게 등 해산물은 인류가 본격적인 농경문화를 일구기 전에 인류를 먹여 살 린 고마운 생물종인 것이다. 호주 카카두국립공원에서 발견된 고대 동 굴 벽화에는 물고기가 그려져 있는데, 그 생김새며 내장까지 정교하게 묘사돼 있어 당시 고대 인류의 수렵생활에서 물고기를 비롯한 해산물이 차지하는 위치를 가늠할 수 있다. 삼면이 바다로 둘러싸인 우리나라 역시 계절마다 다양한 해산물이 잡혔다. 해산물 없는 우리네 밥상을 상상이나 할 수 있을까?

그럼에도 바다와 해양생물을 대하는 우리의 문화는 어딘지 아쉽다. 쌀을 주식으로 먹는 사회라서 농경문화는 그나마 보존되고 발전해 왔는데, 수산문화는 상대적으로 빈곤하다. 바닷물고기를 비롯한 해산물은 밥반찬으로 여겨졌을 뿐이고, 더욱이 신분제가 존재했던 시대에 어민들은 천하다 하여 그들의 삶을 기록하거나 고유의 문화로 인정하고 정립하지도 않았다. 수산이 그나마 주목을 받은 것은 일제강점기 회 문화가 보편화되면서부터였다. 그러나 그마저도 함께 곁들이는 술 때문에 유흥의 이미지가 강했다.

해양생물로서 조사되고 연구된 것 역시 최근의 일이다. 주식도 아니고, 바닷가나 강변이 아니면 쉽게 발견되는 것도 아니니 주목을 받지도 못한 게 사실이다. 그러다 보니 우리가 상식으로 알고 있는 해산물에 대한 정보는 검증되지도 않았고, 왜곡된 것이 많다.

얼마 전, 미세먼지가 문제가 되자 환경부는 엉뚱하게 고등어구이가 주범이라는 웃지 못할 발표를 했다. 미세먼지 발생의 원흉을 고등어에게 돌린 것이다. 이로 인해 생선구이 식당들은 타격을 입었고, 고등어 가격 역시 폭락해 어업인들도 울상을 지었다. 사실 고등어를 비롯한 생선구이는 폐쇄된 실내 공기의 질을 떨어뜨릴 뿐 문제가 되고 있는 대기 중 미세먼지의 직접 원인은 아니다.

중국 베이징에 가면 길거리 꼬치구이에 술 한 잔 마시며 하루의 고단함을 달래는 서민들의 모습을 쉽게 찾아볼 수 있다. 이런 꼬치구이가 2013년 중국에서 악명 높은 대기오염의 주범으로 지적되어 '공기정화계획'에 포함된 건데, 베이징 시민은 물론 그걸 바라보는 외국인조차 고개를 갸우뚱거린 일을 우리나라가 그대로 반복한 셈이다. 국가적 차원의 미세먼지 종합대책이 마련되어야 할 상황에 애꿎은 고등어에게 불똥이 튄 것이다. 고등어가 말을 할 줄 몰라 망정이지 사람 말을 할 줄 알았다면 나 억울하다며 땅을 치고도 남을 일이다. 또 얼마 전에는 일본 원전사고 해역에서 잡았을 것으로 추정되는 수산물을 수입하여 사회적 물의를 빚은 사건도 있었다. 이래저래 물고기가 천덕꾸러기가 되었다.

사실 물고기는 아무 죄가 없다. 인간의 탐욕이 늘 문제다. 물고기가 사는 서식지를 파괴하고, 수산물 유통과정에서 장난을 치는 주범 역시 바로 우리 인간 아니던가. 이제 해산물에 씌운 누명을 벗겨 줄 때다.

오래전부터 해산물은 누구나 잡을 수 있는 공유재산쯤으로 여겨 먼저 잡는 사람이 임자였다. 실제 물고기를 비롯한 해양생물은 지구상에서 가장 많이 포획되는 생물종이다. 매년 약 1조~2조 7000억 마리의 물고기가 바다에서 사라진다(유엔식량농업기구 통계자료 1999~2007). 경쟁적으로 어로 행위를 일삼다 보니 어촌 중에는 두레나 향약처럼 함께 일하고 함께 나눠 먹는 인심이 사라진 곳들도 있다. 이제 생명 자체에 대해 관심을 기울이고 그들이 인간과 공존할 수 있는 방안을 찾아야 할 때다. 느리고 좀 불편하더라도 생태적이고 공동체 모두를 위한 '슬로피시slowfish'가 무엇보다 필요하다.

해양은 수산의 토대이고, 수산은 해양의 결과물이다. 수산은 경제이고, 해양은 환경이며 곧 생태계이다. 인간과 해양생물은 자연생태계에서 각각 하나의 구성원이다. 생태계에서 차지하는 지위와 역할이 다를 뿐이다. 자연에는 복원 능력이 있지만 그것은 무한하지도 관대하지도 않다. 그 많던 명태를 지금은 구경조차 하기 힘들다. 멸종위기종은 해마다 늘고 있다. 해산물은 무한히 찍어 내는 공산품이 아니다. 서로 공존하지 않으면 결국 공멸하고 말 것이다.

이번 책 《우리가 사랑한 비린내》는 바닷물고기부터 패류까지 해산물의 유래와 생태는 물론 바다 생태계의 역동성과 그 앞에서 마주한 누군가의 생활과 추억까지 우리 삶과 깊숙이 연결된 다채로운 이야기를 담아 보고자 했다. 맛은 알아도 정체는 묘연했던 해산물의 비밀이 한 꺼풀 벗겨지기를 바란다.

제주에서 쓰기 시작해 해운대에서 다듬고 군산에서 매듭짓다

2017년 4월
황선도

이토록 존재감 넘치는 물고기라니!

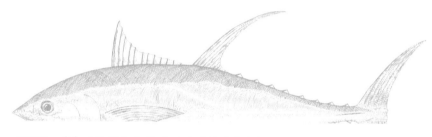

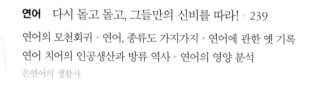

느리지만 건강하게
'바다 한 그릇' 하실래요?

무시받던
해산물이
돌아왔다!

1

우리말로 곁들이. 그러니까
주요리인 메인 메뉴가 아니고
사이드 디시에 해당한다.

하등동물인 줄 알았던 멍게가 분류
체계에서 인간과 별반 다르지 않은
고등한 동물에 속한다니 이 얼마나
놀라운가. 앞으로 멍게가
'날 우습게 보지 마'라고 경고한다
해도 할말이 없다.

비주류 해산물로 취급받는
해삼, 멍게, 개불 모두 정력에
좋다는 공통점을 갖고 있다.

해삼, 멍게, 개불은 말한다

"우리도 주류이고 싶다"

해삼

멍게

개불

해안선 바로 밑에서부터 깊은 심해까지, 해삼이 살지 않는 해저라고는 없다. 다른 동물은 영양분 부족으로 살기 어려운 서식지에서도, 해삼은 안개처럼 떠돌아다니는 수중 유기 부유물이나 해저 표층에 엷게 쌓인 퇴적물을 섭취하며 어려움 없이 살아간다. 이런 변변찮은 먹이로 생을 견뎌낸다는 것에서 신선의 면모를 엿볼 수 있다.

우리가 곁들이라고?

소주 한잔하러 횟집에 가면 회가 나오기 전에 먼저 나오는 것이 있는데, 이것을 일명 스키다시라고 한다. '붙이다'라는 뜻의 일본어 스케루つける, 付ける, 附ける에서 온 것이라 추측되는데, 우리말로 곁들이라고 할 수 있다. 그러니까 주요리인 메인 메뉴main menu가 아니고 사이드 디시side dish에 해당한다. 이렇게 주류에 끼지 못하고 항상 비주류인 해산물이 있다. 바로 해삼, 멍게, 개불이다.

남자는 해삼, 여자는 전복

산에는 산삼山蔘, 밭에는 인삼人蔘, 바다에는 해삼海蔘이라 부를 정도로 '삼蔘'에는 신선神仙과 맞닿아 있는 영험함이 느껴진다.

스키다시로 나온 해삼, 멍게, 개불

《전어지佃漁志》에는 "해삼은 성질이 온溫하고 몸을 보하는 바, 그 효력이 인삼에 맞먹기 때문에 이러한 이름이 생겼다"며, '해삼'이라는 이름이 붙은 까닭이 기록되어 있다. 인삼의 학명Panax ginseng에서 'Panax'는 만병통치약을 뜻하는 그리스어에서 유래되었다고 한다. 인삼은 사포닌saponin 성분이 많아 심장에 좋고 해삼에도 역시 사포닌 성분의 홀로수린holothurin이 있어 피의 응고를 막아준다고 하니, 옛 선인들은 약리학적 선견을 가진 게 분명하다. 정약전 역시 《자산어보玆山魚譜》에서 "해삼은 전복, 홍합과 함께 삼화三貨라 한다"라고 하며 그 값어치를 높이 샀다. 비단 우리나라뿐 아니다. 중국에는 남삼여포男蔘女鮑란 사자성어가 있는데 남자에게는 해삼, 여자에게는 전복이 좋다는 뜻이다. 중국 전통음식 문화에는 인체의 특정 부위와 닮은 음식을 먹으면 해당 부위가 좋아진다는 믿음이 깔려 있다. 해삼이 보혈하면서 몸의 열을 떨어뜨리고, 배설기관을 관장하는 신장을 이롭게 하여 정력을 강하게 하기 때문이다. 이렇게 살아 있는 '바다의 보약'이 곁들이 신세라니. 해삼이 들으면 필시 섭섭할 얘기다.

지금으로부터 200여 년 전 정약전은《자산어보》에 해삼을 관찰한 기록을 남겼다. "해삼은 큰 놈은 두 자 정도로 몸이 오이 같고, 온몸에 잔 젖꼭지가 널려 있다. 한쪽 머리에 입이 있고, 다른 쪽 머리에 항문이 있다. 뱃속에는 물체가 있는데, 그 모양이 밤송이 같다. 창자는 닭의 것과 같고, 껍질은 매우 연하여 잡아 들어 올리면 끊어진다. 배 밑에는 발이 백 개나 붙어 있어 걸을 수 있으나 헤엄칠 수 없고 그 행동이 매우 둔하다." 겉모양새만 아니라 해부학적으로도 묘사했으니, 놀라지 않을 수 없다.

사실 해삼은 길쭉하고 울퉁불퉁하게 생긴 독특한 모양이 오이 cucumber를 닮아서 영어로 시큐컴버sea cucumber라고 부른다. 서식지는 해안선 바로 밑에서부터 깊은 심해까지로, 해삼이 살지 않는 해저라고는 없다. 다른 동물은 영양분 부족으로 살기 어려운 서식지에서도, 해삼은 안개처럼 떠돌아다니는 수중 유기 부유물이나 해저 표층에 엷게 쌓인 퇴적물을 섭취하며 어려움 없이 살아간다. 이런 변변찮은 먹이로 생을 견뎌낸다는 것에서 신선의 면모를 엿볼 수 있다. 일본에서는 바닷속에서 은밀하게 다니는 쥐로 표현하여, 바다의 쥐라는 뜻의 나마코なまこ.海鼠라고 부른다. 우리 고전《물명고物名考》에 따르면, 우리말로 해삼을 뮈라고 한다. 흑충黑蟲과 해남자海男子 등의 다른 이름도 씌어 있다.

해삼
멍게
개불

바다 밑바닥에 서식하는 돌기해삼

한방에서는 오래전부터 원기 증진이나 정자 생성 등 정력 보강제로 사용되었다고 한다. 이런 이유에서 해삼의 별칭을 '바다의 남자'라는 뜻의 해남자海男子라고 붙이지 않았을까?

돌기해삼부터 가시닻해삼까지
종류도 가지가지

해삼은 어류가 아니며, 불가사리나 성게 같은 극피동물棘皮動物이다. 두꺼운 근육 속에 석회질의 작은 골편들이 흩어져 있는데, 이것이 극피이다. 해삼은 겉으로 보기에 불가사리나 성게와 아주 다른 모습으로 앞뒤가 길쭉하지만, 단면으로 잘라 보면 해삼 역시 오각 방사 대칭임을 알 수 있다. 몸의 앞 끝에는 입이 있고 그 둘레에 다수의 촉수가 있으며, 뒤 끝에는 항문이 있다. 배 쪽에 붙어 있는 관족管足을 이용해 바닥을 기어 다닌다.

해삼은 한 종만 있는 것이 아니다. 우리나라 전 연안에 주로 분포하며 식용되는 돌기해삼Stichopus japonicus은 보통 15센티미터 크기로, 갈색이나 녹색을 띠는 몸통에 돌기들이 솟아나 있다. 그래서 배양장에서 생산되는 종묘도 이 종이다. 돌기해삼은 퇴적물 섭식성이다. 종류를 가리지 않고 먹어 영양분은 흡수하고 나머지는 찌꺼기로 배출하여, 해저에 쌓인 유기물을 제거하는 정화 효과가 크다. 조하대(조간대의 하부 지대로, 간조 때도 물이 빠지지 않는 부분) 암반 또는 자갈 바닥에서 간혹 발견되는 몸통 길이 30센티미터 정도의 대형 해삼인 개해삼Holothuria manacaria은 몸

홍해삼과 청해삼은
단일 종?

물질하는 사람들 세계에서 이른바 홍해삼紅海蔘이라고 하는 해삼이 있다. 일반적으로 해삼이라고 부르는 청해삼靑海蔘과 구분하여 특별히 취급하는데, 사실 이 둘은 단일 종으로 돌기해삼이다. 서식지 환경과 먹이에 따라 색깔과 생김새가 좀 다른데, 연안에서 흔히 잡히는 청해삼은 인공 종묘 생산기술이 이미 개발되어 최근 종묘 생산이 이루어지고 있다. 암청록색인 청해삼과 달리 홍해삼은 수심 20미터 내외의 외해 청정 해역에서 잡히는데, 깊은 수심까지 도달하는 장파인 붉은색을 받아들여 적색 또는 황갈색을 띤다. 홍해삼은 청해삼에 비해 크기가 클 뿐만 아니라 가격도 30퍼센트 더 높다. 같은 종인데도 서식 환경이 다른 홍해삼은 인공 종묘 생산기술이 개발되지 못해 더 귀하다. 부영양화가 진행되고 부니(수생 동식물의 유해가 가라앉아 썩어서 생긴 검은 진흙)가 있는 내만의 얕은 펄에는 흑해삼이 주로 서식하는데, 체색이 검은 편이라 구별이 쉬우나 역시 동일 종이다. 흑해삼은 홍해삼에 비해 맛도 떨어지고 가격도 저렴하나, 청해삼보다는 비싸다. 중국 사람들은 흑해삼을 귀중하게 여기며 좋아한다고 한다.

청해삼(위)
홍해삼(중간)
흑해삼(아래)

통이 딱딱하고 지저분한 황갈색을 띠어 마치 '딱딱한 나무토막'처럼 생겼으며, 육질이 단단하고 질겨서 날것으로는 식용이 어렵다. 동해와 남해에서 발견되는 몸통 길이 3센티미터 전후의 소형 오각광삼Cucumaria chronhjelmi은 선홍색이나 분홍색 몸통에 갈색의 촉수를 가지며, 부유물을 걸러 먹는다. 일반적인 해삼과 달리 잔가지들이 잘 발달된 촉수를 가진 타원광삼Cucumaria japonica과, 진흙에 살면서 표면에 돌기가 없이 매끈한 가시닻해삼Protankyra bidentata 등도 있다.

미식가를 불러 모으는 맛

해삼은 두 가지 큰 특징이 있는데, 하면夏眠과 재생력再生力이다. 8~10도 수온에서 식욕이 가장 왕성하고 성장이 빠르나 17도 이상이 되면 먹는 것을 중지하며, 수온이 25도가 넘으면 활동을 멈추고 여름잠을 잔다. 전해 내려오는 말로, 동면이나 하면으로 일정 기간 잠을 자는 동물들은 정력에 좋다고 한다. 그래서 해삼의 실질적인 성장기인 12월에서 이듬해 4월까지 제일 실하여 약효가 좋고, 동지 전후가 제일 맛있는 시기다. 적에게 습격을 받거나 강한 자극을 받으면 창자를 버리거나 몸을 스스로 끊어버리기도 하는데, 재생력이 아주 강해서 몇 개월 정도 지나면 손상된 부분이 다시 생겨난다. 해삼이 스스로 버리는 내장은 일본말로 고노와다このわた, 海鼠腸라 하는데, 향이 강하고 맛이 뛰어나 미식가들이 즐겨 먹는 별미인 만큼 가격도 비싸다. 다이버들은 바닷속에서 해삼을 잡아 올려 내장만 빼서 먹고 몸통은 선심 쓰듯 나눠주는

고노와다

데, 잘 몰랐을 때는 통째로 준다고 고마워했지만 지금은 화낸다.

멍게를 우습게 보지 말라

우리가 흔히 먹는 멍게 또는 우렁쉥이*Halocynthia roretzi*는 몸이 껍질로 덮여 있다. 껍질은 대개 등황색으로 그 표면에는 울퉁불퉁한 젖꼭지 모양의 돌기가 많이 붙어 있고 형태가 파인애플을 닮아 '바다의 파인애플'이라고 부른다. 개인적으로는 짧고 몽땅한 도깨비방망이를 닮아 보인다. 일본에서는 멍게가 램프의 유리통, 즉 등피燈皮 호야ほや,火屋와 닮았다 하여 호야ほや,海鞘라는 이름이 붙었다.

멍게는 딱딱하고 두꺼운 껍질에 싸여 있는 모양새 때문에 '칼집 초鞘' 자를 써 해초류海鞘類로 분류된다. 육질은 식물성 셀룰로오스와 비슷한 튜니신tunicin이라는 물질로 이루어진 피낭에 싸여 있고, 피낭의 상단에는 입수공과 출수공이 있다. 따라서 영어로는 피낭이란 뜻의 튜니케이트tunicate 또는 바다의 물총이라는 뜻의 시스쿼트sea squirt 또는 어시디언ascidian이란 이름이 붙었다.

바닷속 수심 5~20미터의 조하대 암반에 붙어 살기 때문에 패류의 일종으로 생각하기 쉬우나, 분류학상 척삭동물문門에 속한다. 동물 분류 체계에서 척삭동물문에는 척추동물, 미삭동물, 두삭동물 등 세 개의 아문亞門(문과 강의 중간)이 있는데, 멍게는 미삭류다. 여기서 척삭脊索이란 몸길이 방향으로 있는, 몸을 지지하는 막대 모양의 지지기관을 말한다. 인간 같은 척추동물은 척삭이 발전하면서 쉽게 말해 등뼈, 곧 척추가 되지만, 멍게 같은 미삭동물은 유생기에 가지고 있던 척삭이 발전하지 못한 채 성체가 된다.

미삭동물인 멍게의 배아가 척추동물인 인간의 배아와 같은 척삭 구조를 가지며 연관성이 높다는 이유로, 생명공학자들은 멍게를 연구하여 인간의 초기 진화 관계를 규명하고자 했다. 하등동물인 줄 알았던 멍게가 분류 체계에서 인간과 별반 다르지 않은 고등한 동물에 속한다니, 이 얼마나 놀라운가. 앞으로 멍게가 '날 우습게 보지 마'라고 경고한다 해도 할말이 없다. 실제로 유생 시기의 멍게는 올챙이와 비슷하게 생겨 꼬리 부분을 따라서 길게 원시적인 척추가 나타나지만, 곧 고형물에 부착하고 파인애플 모양의 성체로 변태하면서 척추는 사라진다.

멍게는 대개 바위 등에 붙어 사는데, 부착 부위의 반대쪽인 위쪽에 물을 빨아들이는 입수공과 물을 내뿜는 출수공이 있다. 입구가 '+' 모양

13억 중국인의
해삼 사랑

       해삼 특유의 오돌토돌한 식감과 독특한 향은 한번 맛보면 쉬이 잊을 수 없다. 멍게와 함께 쌉싸름한 소주 한잔을 부르는 대표 술안주다. 사실 해삼은 숙취 해소 및 간 기능 회복에 효과가 탁월해 술과 찰떡궁합이다. 소주의 쌉쌀한 뒷맛에 해삼 한 점을 더하면 입 안에 그윽한 향이 남는다.

중국은 해삼을 가장 많이 소비하는 국가다. 전 세계 해삼 생산량의 70퍼센트가 중국으로 수출될 정도다. 중국인들은 해삼을 전통 약재 외에도 여러 종류의 상품으로 개발하고 있다. 건강식품이나 즉석식품은 물론이고, 화장품과 기능성 물질 등 신산업에까지 해삼을 이용하고 있다. 이러한 중국의 해삼 산업 규모는 무려 10조 원이 넘는다고 하니 실로 대단하다. 중국의 해삼 소비가 늘어난 것은 경제발전 덕분이다. 중국에서 해삼은 상류층만 먹을 수 있는 고가의 식품이었으나 경제가 발전하면서 중산층에서도 보상 심리로 해삼을 찾았고, 그 결과 세계 최고의 해삼 소비국이 되었다는 분석이다.

해삼은 생산되는 지역에 따라 그 가격도 모두 다른데, 일본 북해도에서 나는 해삼을 최고로 친다. 그다음이 바로 우리나라 동해에서 나는 해삼이다. 북해도와 동해안산 해삼은 동남아시아에서 나는 저가 해삼과 가격이 무려 수십에서 수백 배 이상 차이 나기도 한다. 더운 해역에서 자란 해삼은 탄력이 떨어져 하품으로 취급되기 때문이다. 탄력뿐 아니라 돌기도 해삼 등급을 결정하는 중요한 요인이다. 돌기는 곧고 길어야 하며 그 수가 많을수록 좋다.

차고 깨끗한 우리 바다는 좋은 해삼을 키우기에 적합하다. 연안에서 양식을 할 수 있어 수확하기도 쉽다. 해삼 수요가 급증하는 상황에서 전략적으로 해삼을

양식하는 것은 분명 블루오션을 개척하는 일이다. 정부에서 추진하는 해삼 양
식 조성지 사업은 그런 점에서 수익을 기대해 볼 만하다.

어미 해삼

종묘 배양장에서 생산한 해삼 종묘

바닷속 멍게

인 것이 입수공, '-' 모양인 것이 출수공이다. 출수공은 입수공보다 아래쪽에 위치하는데, 출수공에서 나온 배설물이 입수공으로 흘러 들어가지 않도록 하기 위함이다. 멍게는 입수공으로 들어온 바닷물이 몸통을 거쳐 출수공으로 나가는 과정에서 플랑크톤과 산소 등을 걸러서 섭취한다. 출수공은 걸러진 바닷물을 배출할 뿐 아니라 번식을 위해 정자와 난자를 뿜어내는 역할도 한다.

멍게는 한 개체가 정소와 난소를 모두 갖는 자웅동체로 두 가지 번식 방법, 즉 무성생식과 유성생식을 사용한다. 무성생식의 경우, 어미의 몸에서 새로운 개체가 솟아나오는 출아법으로 번식하는데, 새로 출아된 새끼는 어미 몸에서 떨어져 나가지 않고 남아서 여러 개체가 무리를 만든다. 한편

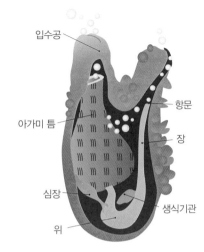

멍게 성체 모식도

해삼
멍게
개불

출수공을 통해 나온 정자와 난자가 물속에서 수정되는 유성생식의 경우, 수정된 유생은 물속을 떠다니다가 바위 등에 달라붙어 성체로 변태를 시작한다. 산란 시기는 지역에 따라 차이가 있으나, 수온이 10도 정도 되는 10월 중순부터 알을 낳는다. 알 크기는 지름 0.3밀리미터이며, 2주에 걸쳐 하루에 1만 2000여 개를 낳는다. 수정 후 이틀이 지나면 올챙이 모양의 작은 유생이 깨어나 물속을 떠다니다가, 3일째가 되면 머리 부분으로 다른 물체에 달라붙어 변태하여 성체가 된다. 1년 후에 약 10밀리미터가 되고, 2년째에 10센티미터 정도로 자라며 알을 낳기 시작한다. 3년째에는 18센티미터가 되고, 수명은 5~6년으로 알려져 있다.

바다향 물씬, 이 맛이 멍게지!

멍게는 우리나라 전 연안에 서식하고, 특히 동해와 남해안에 많다. 해안 지방에서는 예전부터 식용해 왔으나 전국적으로 이용하게 된 것은 한국전쟁 이후다. 예전에는 양식법이 개발되지 않아 해녀나 잠수부에만 의존하던 귀한 해산물이었지만, 1950년대 이후 양식업이 성행하면서 쉽게 멍게를 접할 수 있게 되었다. 경남 통영 지방을 중심으로 1990년대 중반까지 연간 2만여 톤씩 생산됐으나, 매년 '물렁병' 등으로 폐사율이 높아져 2003년에는 생산량이 5000톤에도 못 미쳤다. 소비는 늘어나는데 생산량이 줄어든 꼴이다. 결국 일본에서 대량 수입하게 되었다. 일본산 멍게의 수입이 늘어나자 가뜩이나 어려운 멍게 양식업자들이 양식을 포기하는 경우가 속출했다. 그런데 2011년 동일본 대지진 여파로 일본산 멍게 수입이 전면 중단되자, 국산 멍게가 다시 식탁에 오르며 주목을 받았다. 지진 피해가 가장 컸던 일본 센다이 지역이 멍게의 주산지이다 보니, 일본산 멍게가 우리 시장에 다시 유통되기까지는 꽤 시간이 걸렸다. 최근 들어 다시 일본산 멍게 수입이 재개되어 국산 멍게의 시장점유율은 점차 줄어들 것으로 보인다.

흔히 멍게는 날로 새콤하게 초고추장에 찍어 먹는다. 멍게의 향미는 향긋하고 먹고 난 후에도 입안에 뒷맛이 감돈다. 멍게 특유의 맛과 향은 불포화알코올인 신티올cynthiol 때문이며, 다량 함유된 글리코겐은 인체가 포도당을 급히 필요로 할 때 신속하게 공급할 수 있는 다당류라 피로회복에 효과적이다. 멍게는 특히 여름철에 맛이 좋은데 수온이 높아지면 글리코겐의 함량도 높아지기 때문이다.

바닷가 횟집에 가면 '돌멍게'라고 불리는 놈이 있다. 겉모양이 돌멩이와 비슷하여 돌멍게라 부른다. 물론 표준어는 아니다. 비전공자인 내가 관련 도감을 살펴보니, 거북등안장멍게 *Chelyosoma dofleini*와 개멍게*Halocynthia hispida*가 가장 유사했다. 그래서 분류 전문가에게 의뢰했는데, 리테르개멍게*Halocynthia hilgendorfi ritteri*와 이가보야개멍게*Halocynthia hilgendorfi igaboja*라는 두 개의 아종을 돌멍게라고 부르는 것 같지만 표본이 확보되어야 정확히 알 수 있다고 했다.

겉면은 2밀리미터 정도 가죽질로 두껍지만, 속살은 부드럽고 시원한 맛을 내어 인기가 좋다. 한번은 거제에서 돌멍게를 먹고 나서 멍게를 먹었는데, 멍게 맛을 제대로 느낄 수 없었다. 그만큼 돌멍게의 향과 맛이 강하다. 속살을 빼낸 껍데기에 술을 따라 마시다가 취해 버렸다. 돌멍게 껍질은 가죽처럼 두껍고 단단하며 속이 깊어 술

멍게가
표준어가 된 사연

우리말에 '우멍거지'라는 말이 있다. 우멍거지는 끝에 가죽이 덮인 어른의 음경을 말하는 것으로, 포경의 순수한 우리말인 셈이다. 멍게의 생김새가 이와 비슷한데, 차마 그대로 쓸 수가 없어서 가운데 두 글자를 떼어내 '멍거'를 멍게로 불렀다는 전설이 있다. 이처럼 사실 멍게란 말은 표준어가 아니었다. 그런데 왜 우렁쉥이와 함께 표준어가 되었을까? 우리나라 표준어 규정 제1부 표준어 사정 원칙 23항은 다음과 같다. "방언이던 단어가 표준어보다 더 널리 쓰이게 된 것은, 그것을 표준어로 삼는다. 이 경우, 원래의 표준어는 그대로 표준어로 남겨 두는 것을 원칙으로 한다." 얼마 전까지만 해도 우렁쉥이가 표준어이고, 멍게는 방언으로 알려져 있었다. 그러나 표준어인 우렁쉥이보다 방언인 멍게가 더 널리 쓰이자 멍게를 표준어로 추인하고, 애초의 표준어도 학술 용어 등에 쓰이는 점을 감안하여 남겨 두었다.

수산시장 좌판에 진열된 멍게

도 많이 들어간다. 가을철에 특히 맛이 좋다.

끈멍게*Pyura vittata*는 수심 20미터 정도 바닷속 바위에 붙어 산다. 여러 종류의 동물이나 해조류로 덮여 있어 발견이 쉽지 않다. 몸은 긴 타원형으로 입수공은 몸의 앞쪽 끝에 있으며, 출수공은 몸의 중앙보다 조금 앞쪽에 있다. 표면에는 불규칙한 홈과 주름이 있고, 13~20개의 크고 작은 촉수를 갖는다. 외피는 짙은 황갈색이나 암황색을 띠는 것이 대부분이며, 드물게 회백색을 띠는 개체도 있다. 안쪽 살은 옅은 노란색 또는 흰색을 띤다.

톡 터뜨려 먹는 재미, 미더덕

멍게와 유사하지만 조금 다른 모양새를 한 것으로 미더덕이 있다. 미더덕은 몸통이 굵은 곤봉 모양이고, 몸통 길이 5~10센티미터 크기이다. 성숙한 개체는 긴 자루의 끝을 바닷속 고형물에 붙이고 거꾸로 매달려 산다. 입수공과 출수공이 몸통 앞쪽 끝에 있는데, 입수공은 배쪽으로 약간 굽어 있고 출수공은 앞쪽을 향해 있다. 몸통에 우둘투둘한 돌기가 많다. 몸통 색깔은 서식하는 바다의 밑바닥에 따라 다르며, 보통 황갈색에서 회갈색 또는 황토색을 띤다.

우리나라의 전 연안에 분포하는데, 때때로 패류 양식장과 선박 밑에 많이 부착되어 피해를 주기도 한다. 우리나라에 분포하는 미더덕의 종류는 미더덕*Styela clava*, 두줄미더덕*Styela partita*, 긴자루미더덕*Styela longipedata*, 세줄미더덕*Styela esther*, 주름미더덕*Styela plicata*이다. 그 밖에 아종인 상칭미더덕*Styela clava symmetrica*은 제주도와 일본에만 서식한다. 상업적인 양식은 미더덕과 일명 오만둥이라고도 부르는 주름미더덕을 주로 하고, 이들 두 종이 식용된다.

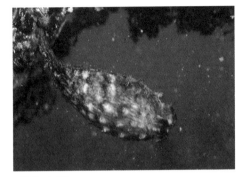
바닷속 미더덕

미더덕은 날로 먹기도 하지만, 된장찌개나 해물탕에 넣어 익혀 먹기도 한다. 보글보글 끓는 찌개 속 미더덕을 건져 이로 톡 터뜨리는 재미! 하나 조심하라. 열기가 응축된 그 뜨거움에 자칫 입천장이 다 까질지도 모르니 말이다. 특히 마산 지방의 미더덕찜은 아귀찜과 함께 향토 음식으로 유명하다.

생긴 것으로 나를 판단하지는 말아 줘

'개불상놈'은 성미가 아주 고약하거나 행실이 나쁜 사람을 일컫는 말이다. 개불은 개의 불알을 말하는데, 개 불알 같은 상놈이란 의미다. 그런데 바다에도 개의 불알이 있어 개불이라고 이름을 붙였고, 일본 말로는 유무시ゆむし, 螠라고 한다. 영어로는 페니스피시penis fish라고 하니 알 만하지 않겠나. 《자산어보》에서는 개불을 다음과 같이 사실적으로 표현하기도 했다. "모양은 남자의 성기를 닮았다. (…) 손으로

수조 속 개불

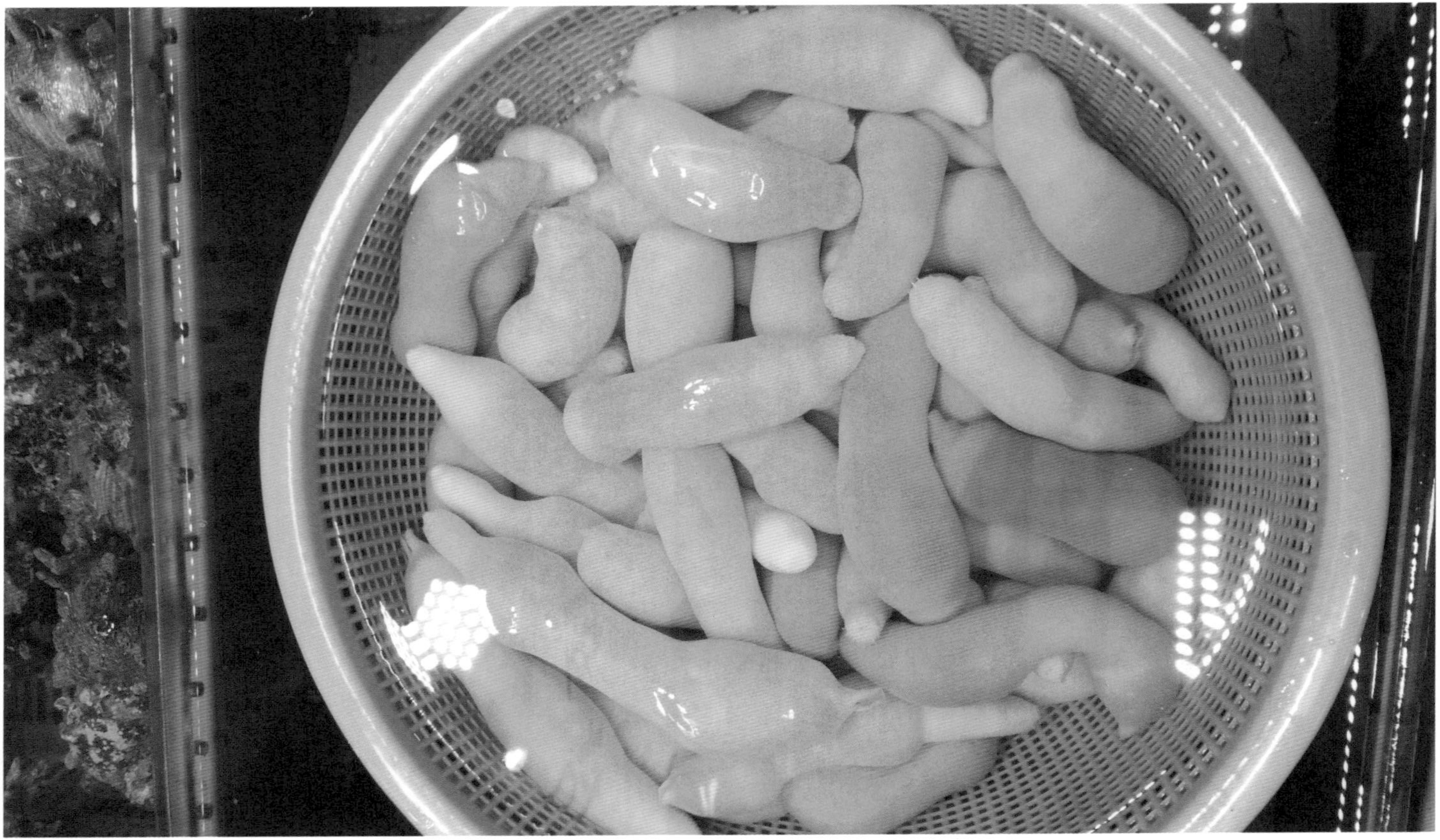

만지면 부풀어 오른다. 그리고 액체를 내기 시작하는데 마치 털구멍에서 땀을 흘리는 것처럼 보이며, 실이나 머리카락처럼 가는 것을 사방으로 뿜어낸다." 수산시장에 가면 수조 속에 들어 있는 개불을 보고 징그러워하는 사람들을 종종 본다. 그러나 막상 권유를 가장한 강요로 접시에 오른 개불 한 점을 먹어 보면 의외의 맛에 놀라 젓가락을 놓지 않는다. 생긴 것과 달리 맛 하나는 일품이기 때문이다. 언젠가 화제가 되었던 한 드라마 속 여주인공 전지현도 거침없이 개불 예찬론을 펼치지 않던가!

개불은 고려 말의 요승 신돈이 정력 강화제로 즐겨 먹었다고 전해 오고, 한방에서는 성 기능이 쇠약해졌을 때 권하기도 한다.

개불Urechis unicinctus은 한때 둥근 통 모양새 때문에 환형동물문으로 분류되었으나, 최근에 좌우 대칭과 비체절성 등의 특징을 가지는 의충동물문으로 독립되었다. 개불의 몸길이는 10~30센티미터라고 하지만, 수축되고 늘어나니 그 길이를 장담할 수가 없다. 입의 앞쪽에 짧고 납작한 주둥이가 있는데, 이 주둥이 속에 뇌가 들어 있다. 입이 곧 머리인 셈이다. 암수딴몸으로 암컷과 수컷은 각각 알과 정자를 만들어 수중에서 체외수정을 한다. 연안의 모래흙 속에 U자 터널을 파고 살며, 양쪽 구멍은 둘레가 낮게 솟아올라 있다. 맛과 향이 좋아 횟감으로 인기가 있으며, 겨울(11~2월)이 제철이다.

그러고 보니 비주류 해산물로 취급받는 해삼, 멍게, 개불 모두 정력에 좋다는 공통점을 갖고 있다. 이래도 해삼, 멍게, 개불이 비주류인가? "우리도 주류이고 싶다"는 그들의 울부짖음은 정당하다.

해산물의
유구한 내력을 엿볼 수 있는
우리 옛 문헌

우해이어보 牛海異魚譜

조선 말의 학자 김려金鑢가 1803년 집필한 어보다. 남해안 진동만에 서식하는
수산생물의 이름, 형태, 습성, 번식, 효용, 잡는 법 등을 담은 책으로 우리나라
최초의 어보다.

자산어보 玆山魚譜

조선 후기 실학자 정약전丁若銓이 1813년 집필한 어

보다. 신유사옥辛酉邪獄으로 전라도 흑산도에서 유배

생활을 하던 중 흑산도 근해에 서식하는 수산생물을

실지로 조사하고 채집한 기록이다. 책명에서 자산玆山

은 흑산黑山이라는 뜻이다. 수산동식물 155종에 대한

각 종류의 명칭, 분포, 형태, 습성 및 이용 등에 관한 사

실이 상세히 기록되어 있다.

어구변증설 漁具辨證說

이덕무의 학문과 사상을 계승한 조선 후기 실학자 이규경李圭景이 집필한《오
주연문장전산고五洲衍文長箋散稿》〈인사편〉에 나오는 글이다.《오주연문장전산
고》는 조선 헌종 때에 이규경이 우리나라와 중국을 비롯한 여러 나라의 예전

과 당시의 사물을 1400여 항목에 걸쳐 고증하고 해설한 것이다. 천문은 물론 지리, 풍속, 관직, 음식, 금수 등 거의 모든 분야를 망라한 일종의 백과사전 같은 책이다.

전어지 佃魚志

조선 후기의 실학자이자 농정가인 서유구徐有榘가 만년에 저술한 목축, 사냥, 어로 및 물고기에 관한 네 권의 책이다. 실학파의 학문적 업적을 체계화하고 정리한 《임원경제지 林園經濟志》에 포함되어 있다. 〈전어지〉는 진해현에 귀양을 가서 당시 어부들의 생활과 물고기 등을 기록한 김려의 《우해이어보》, 흑산도에 유배되어 그곳의 바다를 기록한 정약전의 《자산어보》와 더불어 우리나라 3대 어보로 알려져 있다.

해삼
멍게
개불

조설 釣說

붕당정치의 전성기였던 효종, 현종, 숙종에 걸쳐 3조의 대신을 지낸 남구만南九萬의 저작이다. 남구만은 정치, 경제, 군사, 의례 등 국정 전반에 많은 영향을 끼친 경세가이자 문장가였는데, 그 유명한 시조 "동창이 밝았느냐 노고지리 우지진다"가 바로 그의 작품이다. 〈조설〉은 남구만의 문집 《약천집 藥泉集》 제28권에 실린 글로, 남구만이 낙향하여 지내던 중 낚시꾼과의 대화를 통해 인생의 오묘한 뜻을 깨우친다는 내용을 담고 있다.

조개는 우리 곁에서 생활의
편리와 신비를 동시에 안기는
존재였다.

서양 사람들은 "전복은 껍데기가
한쪽밖에 없어 먹으면 사랑에
실패한다"는 속설 때문에 먹지
않았다고 한다. 전복이 조가비가
한 짝으로 되어 있는 이매패류가
아닌 복족류임을 알지 못한 데서
온 오해가 아닐까 싶다.

이 쪼끄만 소라가 '맛'을
알아서, 단단해서 먹기 힘든
감태의 부착기와 경부 말고
잎처럼 넓고 연한 엽상부를
좋아한다.

조개의 '여왕' 전복 나가신다

소라 나가신다

전복
과
소라

소라 하면 하얀 백사장에 뒹구는 소라 껍데기를 주워 귓가에 대고 파도 소리에 귀 기울이는, 영화 같은 장면이 떠오를 것이다. 낭만적이고 서정적이다. 그러나 그것도 자원이 풍부할 때나 있을 법한 일이다.

흔할 때는 이리 차이고 저리 차였지만, 이제 소라 껍데기는 눈 부릅뜨고 찾아봐도 쉽게 볼 수 없는 존재가 되었다. 자원이 감소하니 소라 자원을 회복할 방안이 마련되고 수산자원관리정책이 뒤따랐다. 어획량을 할당제로 관리하는 총허용어획량 제도가 있는데, 소라가 그 최초의 대상종이다.

어린 시절 우리 집 비눗갑은 전복 껍데기였다. 그때는 그게 전복이라는 생물의 껍질인 패각이라는 사실도 몰랐고, 다만 비누를 들추면 나타나는 영롱한 색깔의 무늬가 그저 아름다웠다는 기억이 난다. 실용적 측면에서도 전복 껍데기는 비눗갑으로 꽤 쓸 만했다. 껍데기에 뚫린 몇 개의 구멍으로 물이 빠져나가 비누가 물러지는 것을 막을 수 있었기 때문이다. 우리 어머니는 그 전복 조가비에 담긴 비누로 유난히 거품을 많이 내서 얼굴과 목덜미 여기저기를 비벼 씻었다. 하얀 거품을 물로 씻어 내면 백옥 같은 흰 살이 드러났는데, 어린 소년인 내 눈에 어머니는 참 미인이었다. 이것이 전복에 대한 추억의 시작이다.

또한 어머니 손가락에는 하얗고 영롱한 진주가 박힌 반지가 늘 끼워져 있었다. 아무리 궂은 손일을 할 때도 빼지 않았다. 살갑지 않았던 서

전복 조가비 비늣갑(위)과 조가비 진주

방님의 마음이라 생각했기 때문일까? 조개가 인간에게 주는 또 하나의 선물이 바로 진주다. 그중에서도 전복에서 나는 진주는 색깔이나 희소성 때문에 '진주의 여왕'으로 불리는, 우리나라의 명산품이다.

마르코 폴로의 《동방견문록》에는 "조선이라는 나라에서는 질 좋은 아발론 펄abalone pearl이 나온다"라는 구절이 있고, 《삼국유사》와 《탐라록》에도 우리나라의 전복 진주가 전통 보석임이 기록돼 있다고 하니, 진주는 오래전부터 보석으로 사랑받은 것이 분명하다. 요즘은 체내에 진주용 핵을 넣어 인공적으로 쉽게 생산하지만, 그 옛날에 그런 기술이 있었으랴. 고로 그 당시 자연에서 얻는 진주는 참 값진 보석이었을 것이다. 이렇듯 조개는 우리 곁에서 생활의 편리와 신비를 동시에 안기는 존재였다.

어릴 적 살던 집 이웃에는 자개 농방이 있었다. 키가 훤칠한 농방 아저씨는 나무판자를 자르고 못질하여 장롱을 짜고, 포마이카(가구를 만들 때 쓰는 내열성 합성수지의 상표명)를 끓여 농짝에 부은 다음 그것이 굳으면 물을 뿌려 가며 뻬빠(사포의 일본식 발음)로 문질렀다. 온종일 양손으로 문

전복 패각을 재료로 만든 자개공예품들. 나전칠기는 고려와 조선시대에 성행했다.

지르고 또 문지르다 보면 거무튀튀한 포마이카 사이로 영롱한 자개가 드러났는데, 이것 또한 전복 조가비였다. 전복 조가비는 빛깔이 좋아 나전칠기 같은 여러 공예품의 재료로 두루 쓰여 왔다. 이 농방에서 만들어진, 공작 암수가 수놓인 자개농이 우리 집 안방에 가보처럼 모셔져 있었다. 어머니가 살아 계실 때까지는……

조개의 황제, 전복

전복은 서양에서 아발론abalone이라 부르는데, 껍데기가

갓 잡은 전복들

귀를 닮았다 하여 이어셸ear shell 또는 시이어sea ear라고 모양새를 따 이름을 붙이기도 했다. 사실 생김새로만 말하자면, 민망하지만 여성의 성기를 닮았다는 데 반기를 들 사람은 없을 것이다.

그러나 점잖은 동양권의 경우 일본에서는 아와비鮑, アワビ, 중국에서는 복鰒, 우리나라에서는 전복全鰒이라고 하여 더 말할 것 없이 '온전한 全 복鰒'이라고 칭할 만큼 완벽한 해산물로 떠받들었다. 전복 조가비가 고대 패총에서도 발견되었다는 기록이 있는 것을 볼 때 우리 인간의 생활과 밀접한 해산물임에 틀림없다.

전복은 분류학적으로 연체동물문 복족강 원시복족목 전복과 전복속에 속한다. 연체동물이란 연軟한 살로 구성된 몸體을 가졌다는 뜻이다. 복족은 '배 복腹' 자에 '다리 족足' 자인데 배, 즉 공간이 있는 패각을 가지며 발이 있다는 의미다. 다시 말해 껍데기 안에 공간이 있으며, 그 안에 연한 살이 있고, 발을 가지고 있어 이동을 하는 동물이라는 것이다.

서양 사람들은 "전복은 껍데기가 한 쪽밖에 없어 먹으면 사랑에 실패한다"는 속설 때문에 먹지 않았다고 한다. 전복이 조가비가 한 짝으로 되어 있는 이매패류二枚貝類가 아닌 복족류임을 알지 못한 데서 비롯된 오해가 아닐까 싶다. 전복 패각은 난형卵形 또는 타원형이며, 나선 모양으로 감겨 있는 나층螺層(나사켜)은 층수가 적으며 높이도 낮고 뒤쪽으로 치우쳐 있다. 대부분 패각은 입구에 해당하는 주둥이에서 한 바퀴 돌아왔을 때의 가장 큰 한 층인 체층으로 되어 있다. 이 체층 위에 관 돌기들이 줄지어 솟아 있다. 이들 관 돌기는 뒤쪽 몇 개를 제외하고 막혀 있으며, 열려 있는 구멍은 호흡공 또는 출수공이라고 하여 내부와 외부를 연결하는 통로 역할을 한다.

정약전의 《자산어보》에는 전복을 복어鰒魚라는 이름으로 소개하며 다음과

전복이 뭐라고 출도 금지령까지!

제주에는 제주어로 잠녀潛女라 부르는 해녀海女만 있었던 게 아니다. 해남海男도 있었다. 잠수장비를 착용하고도 물속에 들어가는 게 쉽지 않은 일인데, 그 옛날 맨몸으로 바닷속에서 전복을 캐는 것은 그야말로 목숨을 내놓는 작업이었다. 오죽하면 물질을 가리켜 '저승에서 벌어 이승에서 쓴다'고 했을까. 왕실과 그 왕실 친인척 일가들의 전복 진상 요구가 빗발치자 수탈에 가까운 가혹한 공출 요구를 견디지 못한 해남들이 제주를 탈출하기 시작했다. 전복을 딸 남자가 부족하자 미역을 따던 해녀들까지 전복 캐는 일에 동원되었다. 상황이 이에 이르자 1629년부터 무려 200년간 제주 사람들에게 출도 금지령이 내려졌다. 그야말로 울타리 없는 감옥! 영조 때 쓰인 《잠녀설》에 따르면, 당시 전복을 제때 진상하지 않으면 관아에 붙들려 가 매 맞는 것은 물론이고 심한 경우 부모까지 붙들려 고초를 당했다고 한다. 진상품 부역이 오죽 고통스러웠으면 지금도 억지를 쓰는 무개념 인간을 '진상'이라고 부르겠나. 전복이 뭐라고!

제주 해녀의 자맥질

같이 기록했다. "살코기는 맛이 달아서 날로 먹어도 좋고 익혀 먹어도 좋지만, 가장 좋은 방법은 말려서 포를 만들어 먹는 것이다. 그 내장은 익혀 먹어도 좋고 젓갈을 담가 먹어도 좋으며, 종기 치료에 효과가 있다. 봄과 여름에는 독이 있는데, 이 독에 접촉하면 살이 부르터 종기가 되고 환부가 터진다."

《탐라지耽羅志》에 따르면, 제주도에서 전복은 말馬, 감귤과 함께 임금께 진상하는 귀한 공물이었다. 또한《제주풍토기》에는 "해녀들이 갖은 고생을 하면서 전복을 따면 탐관오리 등쌀에 못 이겨 뜯기고 스스로는 굶주림에 허덕였다"라는 기록이 있다.

관리들의 전복 갈취가 심각했음을 알 수 있다. 예나 지금이나 자리 좀 꿰찬 웃전들은 왜 그리 변함이 없을까.

예로부터 중국에서는 전복, 해삼, 상어 지느러미, 물고기 부레가 최고의 강정强精 식품으로 인정되어 왔다. 전복을 말리면 아르기닌(성장에 필요한 준필수아미노산)이 증가한다. 아르기닌은 혈액 흐름을 원활히 하고 근육을 강화한다. 특히 남자 정액 고형분의 70퍼센트를 차지할 정도라고 하니, 자녀 계획을 앞둔 부부라면 전복을 주목해도 좋을 것이다.

전복을 말리면 오징어처럼 표면에 흰

전복을 이용한 요리들

가루가 생기는데, 이것이 바로 타우린이다. 타우린은 담석을 녹이거나 간장의 해독 기능을 강화하고 콜레스테롤 저하와 심장 기능 향상, 시력 회복, 신경 안정에 효과가 있다고 한다. 또한 메티오닌과 시스틴 등 필수아미노산이 풍부해 병을 앓은 뒤 원기 회복과 피로 회복에 좋다. 그뿐 아니다. 지방 대사 촉진, 해독과 배설 촉진, 항우울 작용, 간 기능 향상, 관절염 완화, 만성피로 완화, 심지어 머리카락에 영양 공급까지 한다니 이쯤 되면 만병통치약이 따로 없다. 화학분석을 하지 못했을 그 옛날에 얼마나 많은 경험을 통해 이러한 근거 있는 효능을 발견해 냈는지 놀라울 따름이다.

또한 전복은 수분이 많고 단백질과 지방의 함량이 적어 영양이 체내에 잘 흡수되므로 회복기 환자나 노약자의 건강식으로 많이 활용된다. 보통 죽을 쑤어 먹지만 전복 살을 쌀과 함께 볶아 밥을 지어 먹기도 하며, 오돌오돌하게 씹히는 맛이 좋아 회로도 즐긴다. 그러나 요리 전문가들은 전복을 날로 먹을 때 입과 배설물은 꼭 제거하라고 조언한다. 잘못하면 탈이 날 수 있기 때문이다.

세월을 무슨 수로 비껴갈까

제주를 방문한 관광객이 즐겨 찾는 향토음식 중 하나가 해물뚝배기이다. 갖가지 해물을 넣고 팔팔 끓인 뚝배기 국물을 한 숟가락 떠 입에 넣으면, 뜨끈한 국물에 속이 풀려 "시원하다"는 소리가 절로 나온다. 뚝배기 안에 숟가락을 넣어 휘휘 저으면 달그락거리면서 건져

지는 것이 있는데, 다름 아닌 전복이다. 한 마리가 통째 들어 있다. 이때 꼭 묻는 질문이 있다. "이게 전복이야, 오분자기야?"

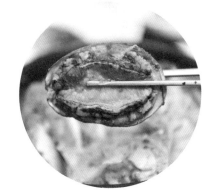

해물뚝배기 속 전복

제주의 전통적인 해물뚝배기라면 바다 지천에 널렸던 오분자기를 넣었으리라. 해녀들이 '물질'만 하면 쉽게 건져 올렸으니까. 실제 오분자기는 국물 맛이 전복보다 좋아, 보통 뚝배기에는 오분자기를 쓰고 전복은 회로 먹었다. 그러나 인기가 있으면 남용하게 되는 법. 오분자기 씨가 말라 이제 오분자기는 자연에서 채취하기가 쉽지 않다. 그리하여 지금 우리가 해물뚝배기에서 건져 내는 것은 대개 전복이다. 양식을 하면서 상품 가치가 떨어져 골라 낸 전복 새끼. 이렇게 시대 상황에 따라 밥상에 오르는 재료도 달라지고 우리의 입맛도 변한다.

그런데 언제부터 전복 양식을 시작했던 걸까? 전복 양식의 역사는 그리 오래되지 않았다. 1972년 당시 국립수산진흥원(지금의 국립수산과학원) 북제주배양장에서 전복종묘인공생산기술을 개발하기 시작하여, 생산한 종묘를 1974년부터 양식 어업인에게 분양하여 양식하게 한 것이 전복 양식의 시작이다.

1980년대까지만 해도 공동 어장이나 마을 어장에 치패를 뿌려서 그들 전복 새끼가 잡아낼 만큼 자라면, 해녀가 물속에 들어가 맨몸으로 직접 잡는 나잠어업이 고작이었다. 전복 양식이 본격적 틀을 갖추기 시작

종묘 생산된 전복

한 것은 1990년대 이후 육상 수조식 양식 방법이 개발되고부터라고 할 수 있다. 2000년대 초만 해도 전복 생산량은 200~300톤에 불과했다. 그러나 전라남도 완도를 중심으로 해상 가두리양식이 보편화되면서 양식량이 급격히 증가하여, 2000년대 말에는 7500여 톤으로 늘어났다. 전남 서남부 지역에서는 일찍이 미역과 다시마 양식이 발달했는데, 당시 수출 부진으로 가격이 하락한 미역과 다시마를 전복의 먹이로 공급할 수 있었던 것이 전복 양식량 증가로 이어졌다.

또한 전복 가격은 열 마리 1킬로그램 기준 4만~6만 원으로 비쌌지만 생산비가 저렴하여, 고소득 품목으로 인기가 높아지면서 양식을 희망하는 어가가 크게 늘어난 것이 생산량 증가의 이유다. 이렇게 시작된 전복 대량생산은 당시 어업인 소득 창출에 획기적으로 기여하는 역사가 되었다.

세월이 흘러 사람의 입맛도 고급화되고 급기야 양식산과 자연산을 구별해야 하는 상황에까지 이르렀다. 양식산과 자연산은 패각 색깔로 구분할 수 있는데, 양식 전복의 패각은 녹색을 띤다. 지난날 임금님 수라상에나 올랐던 귀한 전복이 이제는 서민들의 입맛을 사로잡는 식재료로 뛰쳐나온 것은 모두 양식 덕분이다.

전복은 해변에 물이 빠지면 만나는 간조선에서 수심 5~50미터 되는 외양의 섬이나 암초, 바닷물이 깨끗해 해조류가 많이 번식하는 곳에 주로 산다. 주요 먹이가 다시마, 대황(다시맛과의 해조), 미역, 감태, 파래 등의 해조류이기 때문이다. 암수가 따로 있는 자웅이체이며, 알을 낳는 난생으로 늦가을에서 초겨울까지 산란한다. 생식소가 황백색이면 수컷이고, 녹색이면 암컷이다. 종에 따라 차이가 있으나 껍데기는 1년 동안 2~3센티미터 정도 자란다. 물고기 나이는 이석(동물의 속귀

자연산 전복을 지켜라

비록 양식 전복이 대량생산되고 있다지만 사라져 가는 자연산 전복을 보존하기 위한 노력도 이어지고 있다. '많이 잡기'보다 '제대로 잘 키우기'에 초점을 맞춘 것이다. 어미 전복이 산란에 참여하여 재생산할 수 있도록 전국적으로 9월 1일부터 10월 31일까지(제주특별자치도는 10월 1일부터 12월 31일까지) 금어기를 설정해 채취를 금지한다.

또 채취하는 전복 크기를 제한하여 전국적으로 각장(패각 길이) 7센티미터 이하(제주특별자치도는 각장 10센티미터 이하)는 아예 잡지 못하도록 한다. 어린 전복이 어미로 잘 성장하도록 돕기 위해서다. 하지만 법은 만드는 것보다 지키는 게 더 중요한 법. 이 고단함을 감수할 때 자연산 전복은 우리 바다로 돌아오리라.

제주 해녀와 일본 해녀,
무엇이 다를까?

　　제주도가 10여 년 전부터 준비한 끝에 마침내 2016년 유네스코 인류무형문화유산으로 등재시킨 제주 해녀 문화. 일본 역시 자국의 해녀 '아마ぁま'를 등재시키려 일찌감치 열띤 마케팅을 펼쳐 왔다. 사실상 제주 해녀로부터 잠수 기술을 전수받은 일본 해녀 아마가 자신들의 해녀 문화를 '원조'라고 주장하는 것은 독도가 일본 땅이라는 주장만큼이나 맥락상 오류가 있다.

　　우리의 해녀 문화를 짚어 보자면, 신석기시대의 자맥질로부터 시작해 삼국시대에는 깊은 바닷속에서 어패류를 채취하는 사람이 있었으며, 제주에서는 고려시대부터 전복과 미역 등을 채취해 왕실에 진상했다. 조선시대에 이르러 전복이 귀한 대접을 받기 시작하자 그만큼 진상 부담이 늘어 남성 몫이었던 부역이 해녀에게 떠맡겨진 것이다. 어찌 보면 해녀의 역사는 지배층에 의한 민중 수

난의 역사이자 제주 여성 수난의 역사인 것이다. "여자로 태어나느니, 소로 태어나는 것이 낫다"는 제주 속담을 떠올려 봐도 그렇다.

바닷속에 잠수해 해산물을 채취하는 행위는 동서양을 막론하고 세계적으로 널리 볼 수 있다. 그러나 생계를 위해 별 장비 없이 바닷속에 뛰어들어 물질을 하는 사람은 우리나라와 일본에만 있다. 두 나라 해녀의 큰 차이라면, 우리의 해녀만 추운 겨울에도 물질을 한다는 것이다. 나라님들에게 바칠 전복을 따기 위해 한겨울 세찬 바닷속에서 물질을 해야 했던 해녀는 우리나라가 유일하다. 그 척박한 환경에서도 해녀들은 공동체 문화를 일구었다. 일본의 아마는 일정 구역의 바다를 임차한 주인이 아마를 고용하는 시스템이다. 아마들은 그날 채취한 해산물의 일정량을 주인에게 지급받는다. 이에 반해 제주의 해녀는 마을 단위로 어촌계가 구성된다. 일반적으로는 개인이 능력껏 각자 작업을 하지만, 어촌계에서 관리하는 공동구역 내에서는 여전히 공동작업을 하여 참여한 사람 수로 공평하게 나눈다. 이것이 일본과 다른 제주만의 고유한 해녀 문화다.

현재 제주에서 활동하는 해녀는 4000여 명. 그중 73퍼센트가 80대 630여 명을 포함한 60대 이상의 고령이고, 50대가 400여 명으로 10퍼센트, 그리고 30~40대의 젊은 해녀는 고작 50여 명에 불과하다고 한다. 여전히 해녀의 삶이 척박하다는 방증일 것이다. 놀랍게도 마라도에는 아직도 물질을 하는 90대의 해녀 한 분이 있다고 한다. 삶의 질이나 사회적 대우 역시 제주 해녀보다 일본의 아마가 높다고 한다. 언제까지 제주 해녀에게 설움과 고난을 되물려줄 텐가. 관심과 대책이 시급하다.

에 있는 골편)으로 알 수 있지만, 전복 같은 패류는 패각에 뚜렷하게 나타나는 윤문(이석에 나타나는 원형의 무늬)으로 나이를 알 수 있다.

전복은 산란기인 가을철을 제외하고 연중 맛이 좋으며, 남방계 전복류는 겨울철에 산란한 다음 봄철 이후 여름까지 육질이 비만해지기 때문에 여름철이 제철이다. 한편으로는 시장경제의 반영이기도 한데, 전복이 여름철 보양식으로 많이 소비되고 수온이 내려가는 가을 이후에는 전복의 성장이 둔화되기 때문에 가을철 이전에 출하를 하게 되는 것이다. 더불어 전복 양식 산업을 발전시키기 위해서는 전복의 과잉 생산, 일본에만 의존하는 수출시장의 한계 등을 해결해야 한다.

전복과 그 형제들

전복류는 전 세계적으로 100여 종이 서식하며, 우리나라에서는 크기가 작은 오분자기*Sulculus diversicolor aquatilis*와 마대오분자기 *Sulculus diversicolor diversicolor*를 비롯해 북방전복*Nordotis discus hannai*(참전복), 둥근전복*Nordotis discus discus*(까막전복), 말전복*Nordotis gigantea*, 왕전복 *Nordotis madaka* 등이 주로 발견된다고 보고되어 있다.

왕전복은 오랫동안 말전복과 구분 없이 취급되다가 1979년에 신종으로 분리되었고, 1990년대에는 북방전복이 둥근전복의 지리적 변이종으로 판명되었으며 2001년에 북방전복으로 명명되었다. 또한 시볼트전복은 말전복과 같은 종이라고 보고되어 이름이 사라지게 되었는데, 2000년에 제정된 국제명명규약 제23조 선취권의 원리에 근거하여 먼

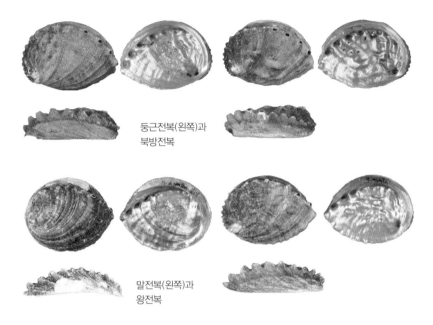

둥근전복(왼쪽)과
북방전복

말전복(왼쪽)과
왕전복

저 얻어진 이름을 따르기 때문이다.

전복류는 형질 차이가 뚜렷하지 않아 분류가 어렵고, 이름조차 전복, 참전복, 까막전복, 시볼트전복 등 다양하게 혼용되어 왔다. 이와 같은 혼동이 이준상 박사와 원승환 박사 등에 의해서 2014년 한 논문으로 정리되었다. 이렇게 과학의 결과는 잠정적 결론이지 진리는 아니다. 그래서 과학은 살아 있다.

오분자기, 마대오분자기와 둥근전복, 말전복은 남방종으로 겨울철 25미터 저층 수온이 12도 등온선인 대한해협과 거문도 북쪽을 동서로 가로지르는 경계 수역의 남쪽에서 나고, 그 밖의 북쪽 찬 해역에서는 둥

양식되어 패각이 녹색을 띤 전복 종묘

근전복의 아종인 북방전복이 생산된다.

보통 전복이라 부르는 둥근전복은, 조가비 겉면은 검은 빛깔이 강한 갈록색이며 안쪽은 진주광택이 있어 까막전복이라고도 부른다. 수온이 12도 이하로 내려가지 않는 제주도 연안에 서식하는 남방종이다. 제주도 해녀들이 특히 좋아하는 전복이다. 그래서 제주에서는 둥근전복 양식 또한 선호한다. 외양의 섬 부근이나 육지에서 튀어나온 암초 주변에 물이 깨끗하고 미역, 다시마, 감태 등의 갈조류가 많은 수심 20미터 바위 지역에 주로 산다. 7~11월에 산란하며, 수정 이후 3~7일간 부유 생활을 하고 바로 저서底棲 생활로 들어간다. 다 자라면 각장 20센티미터, 패각 폭인 각폭은 17센티미터이고, 패각 높이인 각고가 7센티미터로 높은 편이다. 호흡공이 3~5개로 중간 정도로 돌출되어 있다. 패각이 난원형이고 측면 경사가 가파르며, 나선 모양으로 나 있는 가로줄 나륵螺肋

은 굵고, 패각 주둥이 입구의 매끄러운 면인 내순의 폭은 좁다. 등면에 나 있는 돌기인 결절은 약하고 조가비 꼭지의 도도록한 각정은 낮아서 등면 높이를 벗어나지 않는다.

일반인들이 참전복이라고도 부르는 북방전복은 둥근전복의 북방형으로, 수온이 낮은 북쪽 해역에 서식한다. 즉 동해에 주로 분포한다. 패각이 난원형이고 측면 경사가 가파르며, 굵은 나륵이 있고 내순 폭이 좁다. 등면 결절은 강하고 각정이 높아 등면 높이를 벗어난다. 최대 각장 11센티미터, 각폭 8센티미터이고, 각고는 2.5센티미터로 중간 정도이며, 호흡공은 3~5개로 심하게 돌출되어 있다. 자웅이체로 9~11월에 체외수정하며, 수명은 12년 정도다.

마대오분자기(위)와
오분자기(아래)

전남 서남부 지역에서 인공 종묘 생산 대상종으로, 자원 조성을 위해 2년 정도 양식한 전장全長 4센티미터 이상의 개체를 3~6월 춘계와 10~11월 추계에 바다에 방류한다.

시간이 지나서 바다에서 잡은 전복을 살펴보면, 패각에 녹색을 띠는 부분과 갈색을 띠는 부분을 뚜렷하게 구분할 수 있다. 실내 양식장에서 자라는 어린 시기에는 파래 같은 녹조류를 먹여 패각에 녹색 클로로필 성분이 배어나게 되는데, 이것을 통해 양식산을 구별할 수 있다.

말전복은 9월에서 이듬해 1월 사이의 늦가을에서 초겨울 동안 산란하며, 최대 각장 20센티미터, 각폭 17센티미터, 각고 7센티미터까지 자란다. 전복 가운데 가장 큰 대형종이다. 패각 형태는 타원형이며, 측면 경사는 완만하며 나륵이 없다. 각고는 높고 호흡공은 3~4개로, 수심 15~30미터에 서식하는 남방종이다. 그다지 맛있지는 않아서 아직까지 양식 산업화되어 있지 않다.

그 밖에 왕전복은 패각이 난원형이고 측면 경사가 가파르다. 굵은 나륵이 있고 내순 폭이 넓다. 호흡공이 4~5개이며, 패각에 뚫려 있는 호흡공인 공열(열 지어 있는 구멍)은 매우 높다. 최대 각장 18센티미터, 각폭 15센티미터, 각고 5센티미터까지 자라 제주도 조간대(만조 때의 해안선과 간조 때의 해안선 사이의 부분) 수심 50미터 바위 지역에 주로 서식한다.

오분자기속에는 오분자기와 마대오분자기 두 종이 있다. 패각은 주로 붉은색을 띠는 갈색으로 초록빛 띠가 있다. 패각에 출수공이 7개로 전복보다 많아서 쉽게 구별할 수 있다. 같은 크기라도 전복보다 육질 부분이 더 두껍다. 수공이 관 모양으로 돌출해 있지 않다. 최대 각장 8센티미터까지 자라는데, 다 자란 크기가 손가락 길이를 넘지 않는다. 전복은 손바닥만 한 것까지 있어 전복 새끼라고 하는 사람이 생겼다.

4미터 이내 얕은 수심에서 사는 남방종이다. 7~10월에 산란하는데, 한 번에 190만 개의 알을 낳는다. 야행성으로 낮에는 큰 자갈 아래에 붙어 움직이지 않다가 밤에 바위 표면으로 기어 다니며 해조류를 먹는 초식동물이다.

바다 소리 들리는 소라

전복과 함께 제주에서 많이 생산되고 많이 이용되는 소라는, 전복과 모양은 달라도 같은 연체동물문 복족강 원시복족목에 속하니 분류학상 가깝다고 할 수 있다. 다만 과 수준에서 나뉘어 소랏과로 분류된다.

수건을 둘둘 감아 틀어 올린 듯한 터번을 닮았다 해서 영어로 터번셸 Turban shell이라 부르는 소라 *Turbo (Batillus) cornutus*는 나층이 7층으로 각고 10센티미터까지 자란다. 소라는 패각에 가시형 돌기가 있는 것이

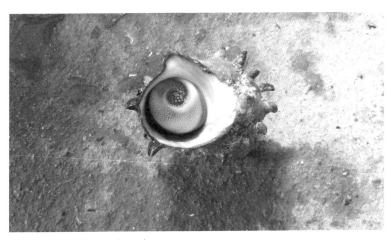

오를 땐 기고 내려올 땐 구르는 소라

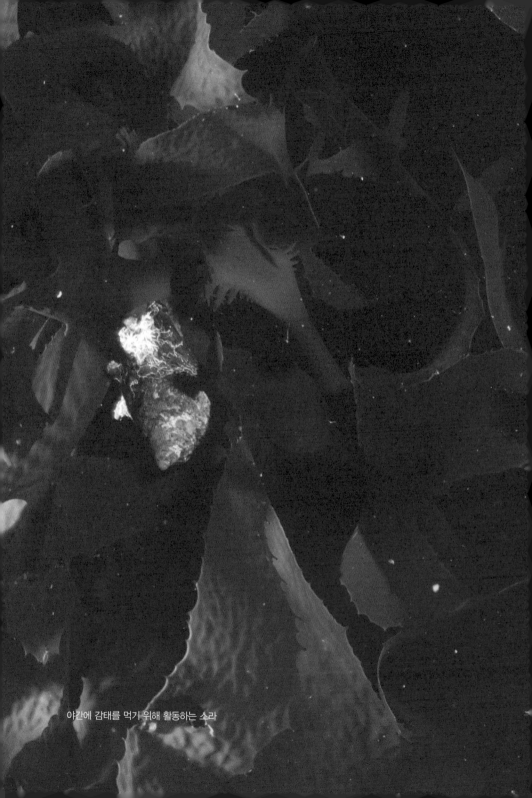

야간에 감태를 먹기 위해 활동하는 소라

큰 특징인데, 사실 가시돌기가 있는 개체와 없는 개체가 있다. 가시 유무의 변이 요인에 대해서는 아직까지 밝혀지지 않았다. 다만 잠수를 잘하는 한 동료가, 바위 위로 오를 때는 기어 올라가고 내려올 때는 떼구루루 굴러 내려오는 소라의 행동을 관찰했다고 하는데, 혹 이런 행동을 반복하는 늙은 소라의 경우 돌출된 돌기가 마모되지 않았을까 추측할 뿐이다.

소라는 주로 제주와 남동해 조간대에서 수심 20미터 바위 지역에 서식하는 것으로 알려져 있다. 이 쪼끄만 소라가 '맛'을 알아서, 단단해서 먹기 힘든 감태의 부착기와 경부 말고 잎처럼 넓고 연한 엽상부를 좋아한다. 그런데 감태의 자루를 타고 올라가기가 만만하지 않다. 그래서 생각해 낸 방법이 먼저 자루를 제 몸통으로 갈아 쓰러뜨리는 것이다. 그다음에 감태의 연한 부분을 골라 먹어 치운다. 참 똑소리 나는 놈이다. 그러나 감태라고 순순히 당할쏘냐. 감태의 경부가 잘려 나가면 이곳에서 어떤 물질을 내보내, 이를 신호로 주변에 있는 동족 감태들이 엽상체 표면에 쓴맛을 내 소라의 공격을 막는다고 한다. 근거 있는 이야기인지 확인할 수는 없으나 충분이 일리 있는 말이다. 이렇게 자연은 먹고 먹히는 관계이지만, 피하고 물리치는 대처 방안도 공존한다.

소라 하면 하얀 백사장에 뒹구는 소라 껍데기를 주워 귓가에 대고 파도 소리에 귀 기울이는, 영화 같은 장면이 떠오를 것이다. 낭만적이고 서정적이다. 그러나 그것도 자원이 풍부할 때나 있을 법한 일이다. 흔할 때는 이리 차이고 저리 차였지만, 이제 소라 껍데기는 눈 부릅뜨고 찾아봐도 쉽게 볼 수 없는 존재가 되었다. 자원이 감소하니 소라 자원을 회

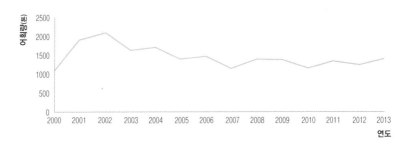

제주 소라 총허용어획량 연 변동

복할 방안이 마련되고 수산자원관리정책이 뒤따랐다. 어획량을 할당제로 관리하는 총허용어획량total allowable catch, TAC 제도가 있는데, 소라가 그 최초의 대상종이다.

소라는 대부분 해녀들이 맨몸으로 잠수하는 나잠어업으로 잡아 온다. 한 해녀의 말을 빌리면, 소라는 미역이나 감태, 모자반 등의 갈조류가 무성한 해역의 바위틈 구멍에서 잘 잡힌다고 한다. 특히 조간대 아래에서 5미터 수심까지는 성게류와 함께 작은 크기의 소라가 살고, 10미터보다 더 깊어질수록 큰 소라가 산다고 한다.

한국수산자원관리공단 제주지사 수산자원조사원들은 소라 어획량을 모니터링하고 어획 금어기와 금지 체장(물고기 길이) 등을 해녀들에게 홍보하는 일을 하고 있다. 현장에서 궂은일을 마다하지 않는 조사원들이 소라 자원을 유지 및 회복하기 위해 최선을 다하고 있다.

최근 소라 어획량 변동을 보면, TAC 제도가 적용되기 시작한 2001년에는 2000톤 정도 할당하여 어획을 하게 했던 것이 2000년대 중반부터 약간 감소하여 1500톤 내외로 유지하고 있다. 그러나 해조류가 녹아내

소라구이

리고 무절석회조류(마디가 없는 석회질로 이루어진 해조류)가 바위를 덮어 버리는 갯녹음 현상이 심해지고 서식 환경이 변화하면서 자원량은 점점 감소하고 있는 것으로 나타나, 자원 회복에 비상이 걸린 상태다.

　금지 체장은 전국적으로 각고 5센티미터(제주도, 울릉도, 독도는 각고 7센티미터)이다. 금어기는 여수시 삼사면과 제주도는 6월 1일에서 8월 31일, 그리고 울릉도와 독도는 6월 1일에서 9월 30일이다. 실제 어업인들 역

소라를 빼다 박았지만
소라는 아닐세

서해에 주로 서식하는
피뿔고둥(위)과 갈색띠매물고둥

서해에는 소라하고 비슷한 조개가 하나 있는데, 피뿔고둥*Rapana venosa venosa*이 그것이다. 나층은 5층이고 최대 각고 15센티미터이며, 서해 조간대에서 수심 10~20미터 바위 지역에 서식하며 5~6월에 산란한다. 사는 해역만 다르지, 언뜻 보면 제주 소라와 비슷하여 착각할 정도이다. 실제 이 지역 사람들은 피뿔고둥을 소라라고 부른다. 그러나 분류 체계에서 피뿔고둥은 연체동물문 복족강 신복족목 뿔소랏과에 속한다. 분류 체계상 형태가 아주 다른 전복보다 오히려 모양새가 비슷한 소라하고 유연관계가 더 먼 것이다. 해산물에도 생김새는 다르지만 같은 동네에 산다는 이유만으로 더 가까운 지연地緣이 존재하는 것일까?

남해에서도 잡히는 갈색띠매물고둥*Neptunea Barbitonia cumingi*은 피뿔고둥과 아주 비슷하지만, 나층이 7층으로 더 길고 체층 입구의 수관구가 길어 전체적으로 길쭉한 형태를 보이며, 껍데기에는 황백색 바탕에 굵고 가는 갈색 띠가 나타나 있어 점선 무늬의 피뿔고둥과 확연히 구별된다. 각고가 4~6센티미터로 큰 편이며, 전국 어디에나 분포한다. 남해 바다 돌산도 군내항에서 여수FnC 수산물 유통 사업을 하는 오일 대표는, 갈색띠매물고둥 침샘을 제거하지 않고 먹을 경우 체질에 따라 어지럼증을 느낄 수 있으니 조심하라는 주의를 전해 준다. 현장에서 일하는 사람의 목소리다.

시 자원 회복을 바라는 마음과 함께 이러한 금지 사항을 지키려고 자체적 규율을 마련하기도 한다.

소라와 전복의 씹는 느낌을 비교해 본 적이 있다. 소라의 식감이 더 쫄깃하다. 특히 삶았을 때 오히려 더 쫄깃해지고, 날것보다 삶아 먹는 것이 더 풍미가 좋다. 어렸을 적 소라 껍데기 안쪽에 이쑤시개나 젓가락을 넣고 속살을 천천히 돌려 뽑아서 먹어 본 경험이 누구나 있을 것이다. 속살을 쉽게 잘 빼내 먹는 이들을 보면 나는 그저 신기했다. 삶은 소라 껍데기 안에 고여 있는 국물은 절대 버리지 말고 마실 일이다. 그 맛이 삶은 소라의 하이라이트다.

어촌계장이 말해주는 꽃멸의
생태와 습성이 멸치와는 같지
않았다. 산란 장소도 다르고,
산란 시기도 달랐다.

군무를 하듯 일렬로 떼 지어
다니는 모습은 맨눈으로 보아도
장관이었다. 맨 앞에 선
대장의 뒤를 따라 일사불란하게
헤엄치는데, 유턴할 때도 서로
부딪치는 일이 없었다.

멸치 같은 멸치 아닌,
'비양도 꽃멸'을 아시나요?

꽃멸

과

원담

아뿔싸! 이것은 멸치가 아니었다. 이 꽃멸치가 '샛줄멸'이란다. 언뜻 가늘고 긴 체형의 샛줄멸이 멸치와 비슷해 보이고 같은 청어목에 속하기도 하지만, 세분하면 멸치는 멸칫과에 속하고 샛줄멸은 청어과에 속해 분류학상으로 다른 위치에 있다. 물고기 박사인 내게도 익숙하지 않은 물고기다.

비양도 꽃멸을 아시나요

제주도에서 근무할 때, 나는 이른바 두 집 살림을 했다. 주중에는 제주에서 근무하고, 주말이면 가족의 품을 찾아 육지행 비행기에 올랐다. 당시 거주하던 한림에서는 서쪽 바다로 언제 어디서나 비양도가 보였다. 제주도가 현무암질마그마가 뿜어져 오른 화산활동의 결과로 만들어졌다는 것은 누구나 아는 사실이다. 이러한 화산 분출은 보통 마그마의 휘발 성분이 폭발하여 분출한 화산쇄설물이 화구 주위에 퇴적되어 정상 부분이 움푹 파인 분석구를 만들게 된다. 물이 없는 환경에서 만들어지는 것이다. 그래서 바다 한가운데 분석구로 이루어진 비양도는 지질학적으로 매우 흥미롭다. 더욱이 고려 목종 5년(1002년)에 화산 분출이 있었다는《고려사》(1451년)와《고려사절요》(1452년)의 기록을 바탕으로 겨우 1000년 전에 비양도가 만들어졌다는 탄생설까지 회자되고 있어 세간의 관심을

비양도 꽃멸치. 실은 멸치와는 다른 종인 샛줄멸이다.

받았다. 이후 비양도 암석의 연대를 측정한 결과, 고려시대 분화설은 학문적으로 받아들일 수 없음이 입증되었다. 그럼에도 한번 고정된 인식은 바뀌지 않고 있으니, 더더욱 신비로운 섬이다.

꽃멸이 멸치가 아니라고?

2014년 초 교육방송에서 한 통의 전화를 받았다. 옛날부터 먹어 왔고 그래서 우리 생활에 깊이 연결된 물고기들을 발굴해 과학적 접근만이 아니라 문화적으로 풀어내는 다큐멘터리 〈백성의 물고기〉를 만들려고 하는데, 이들 물고기에 대해 조언을 해 달라는 것이었다. 4월 즈음 프로그램 기획회의에 참여하면서 본격적인 협조가 시작되었고, 5월 말에는 프로그램 작가와 제주에서 만났다. 비양도에 '꽃멸'이라는 멸치가 있어 사전 답사를 하러 왔다는 것이었다. 제주에 머문 지 반년이 다 되도록 비양도를 물 건너 바라만 보던 나는 이 현장 취재에 동행했고, 봄날의 따가운 햇살 속에서 한림항발 배를 타고 20여 분도 채 걸리지 않는 비양도에 입도했다. 비양도는 정말 작고 예쁜 섬이었다. 비양도에 도착해 제주도를 바라보니 육지만큼 거대했다. 섬에서 섬으로 들어와 다른 각도에서 바라보는 세상은 특별했다.

비양도에 도착해 여성 어촌계장을 만났다. 육지 어촌계장이 대부분 남성인 것과 달리 제주는 여성 어촌계장이 더 많다고 한다. 새삼 제주도에서 여성이 갖는 존재감이 느껴졌다. 프로그램 작가와 함께 올라간 곳은 부두가 내려다보이는 2층 건물 어촌계 사무실. 간단한 통성명을 한 뒤 작가와 어촌계장의 인터뷰가 시작되었다. 그런데 한참을 이야기한 것 같은데 도무지 진척이 없다. 작가는 '멸치' 이야기를 묻는데, 어촌계장은 '꽃멸' 이야기를 한다. 잠자코 듣고 있던 나도 혼란스러웠다. 아무리 들어도 어촌계장이 말해 주는 꽃멸의 생태와 습성이 멸치와는 같지 않았다. 산란 장소가 다르고, 산란 시기도 달랐다.

멸치는 봄부터 늦가을까지 외해에서 어미가 부성란(물에 뜨는 성질의 물고기 알)을 산란하고, 그 어린것이 연안으로 들어와 자라다가 어느 정도 성장하면 다시 외해로 나간다. 그런데 꽃멸은 봄에서 초여름에 어미가 연안으로 들어와 침성란(물 밑에 가라앉는 알)을 산란한다고 하니, 아무래도 같은 종이 아닌 것 같다. 나는 갑자기 의구심이 들어 그 꽃멸이라는 놈을 보고 싶다고 했다. 어촌계장은 현재 실물을 볼 수는 없지만, 이전에도 방송국에서 촬영을 해 갔으니 자료를 검색하면 찾을 수 있단다. 마침 사무실에 있는 컴퓨터를 켜고 '비양도 꽃멸치'를 검색하자 기사와 함께 사진이 떴다.

아뿔싸! 이것은 멸치가 아니었다. 몇 군데 더 검색해 이름을 찾았는데, 이 꽃멸치가 '샛줄멸'이란다. 언뜻 가늘고 긴 체형의 샛줄멸이 멸치와 비슷해 보이고 같은 청어목에 속하기도 하지만, 세분하면 멸치는 멸칫과에 속하고 샛줄멸은 청어과에 속해 분류학상으로 다른 위치에 있다. 물고기 박사인 내게도 익숙하지 않은 물고기다. 멸치를 취재하러 와서 멸치가 아닌 샛줄멸을 만났으니 헛수고한 것 아닌가 싶었다. 그런데 프로그램 작가는 외려 태평하다. 그녀에게는 꽃멸도 멸치란다. 이름과 분류, 그 모든 것은 인류와 멸치가 태어나고도 아주 오랜 세월이 흐른

제주의 서쪽 어디서나 볼 수 있는 비양도의 모습

뒤에 몇몇(?) 사람들이 붙인 것. 더욱이 비양도에서 나는 꽃멸은 아주 오랫동안 사람들이 멸치로 여기며 회로 즐기거나 젓을 담아 먹어 온, 백성의 물고기라는 것이다. 이것이 과학과 인문학의 차이인가?

　비양도에서 꽃멸이라 부르는 '꽃멸치'의 생물·생태학적 정보를 찾아보았다. 정식 이름은 샛줄멸이고, 학명은 스프라텔로이데스 그라실리스 *Spratelloides gracilis*다. 청어목 청어과에 속한다. 영어로 실버스트라이프라운드 헤링silver-stripe round herring 또는 밴디드 블루스프라트banded blue-sprat라 부른다. 몸 빛깔을 보면 등 쪽은 연한 청색, 배 쪽은 백색이다. 몸 옆구리에는 폭이 넓은 은백색의 세로띠가 있으며, 이와 평행하게 등 쪽 언저리에 푸른빛의 띠가 둘려 있어 반짝거린다. 몸은 가는 원통 모양으로 앞뒤가 측편되어 있으며, 주둥이는 원추형으로 다소 뾰족하다.

외양성 어류로 우리나라 남해안과 제주도 연해, 일본 중부 이남, 동중국해, 대만 등 따뜻하고 깨끗한 연안에 주로 서식하며, 먼 거리 회유를 하지 않는다. 산란기는 5~8월로서, 이때가 되면 떼를 지어 연안으로 몰려와 지름 1.2밀리미터의 둥그런 점착성 알을 낳아 암초나 해조류에 붙여 놓고 떠난다.

1주일 만에 부화한 새끼는 5밀리미터 정도로 연안에서 동물플랑크톤을 먹고 살며 낮에는 수면 가까이, 밤에는 밑바닥 층으로 큰 떼를 이뤄 유영한다. 겨울이 오기 전 5센티미터 정도까지 자라면 외양으로 떠나는데, 다 자라면 체장이 11센티미터이고 수명은 1~2년 정도다. 1년이면 성숙하여 이듬해에 산란을 위해 다시 연안으로 들어오는 생활사를 거듭한다. 이 정도가 샛줄멸에 대한 거의 모든 정보다. 그만큼 연구도 되지 않았고, 육지 쪽에 서식하지 않으니 두루 알려지지도 않았다. 자연과학은 연구 대상이 있어야 하는데, 접하지 않으니 알 수 없었던 것이다.

꽃멸은 비양도에만 살까?

비양도 사람들은, 꽃멸이 비양도에만 산다고 한다. 정말 그럴까? 연구가 많이 이뤄지지 않은 것은 불행한 일이지만, 지금까지 간추려진 정보와 주민들의 설명을 토대로 과학적 눈으로 해석해 보는 것도 재미있을 듯싶다. 여기에 과거 뉴스 기사를 찾아 상황을 이해하는 것은 일종의 참고문헌 조사에 해당할 것이다.

여러 기사를 종합해 보니, 2012년부터 제주특별자치도는 해마다 제주시 한림읍 비양도 마을 어장에서 샛줄멸 조업을 희망하는 연안 자망선에게 6~8월 한시적으로 조업을 허용했다. 매년 이맘때 값 좋은 샛줄멸 떼가 비양도 연안으로 회유하여 들어옴에 따라 어민들이 조업 허용을 요청하면서 이뤄진 조치다. 그전까지는 마을 어장에서 수산자원을 보호해야 하고 물질하는 해녀가 위험해질 수 있으니 조업을 해서는 안 된다는 조건을 붙여 제한해 왔다고 한다.

이 상황을 생태학적 관점에서 보면, 생활사에 따라 외해에 살던 샛줄

연안 자망을 이용한 비양도 꽃멸치 잡이

꽃멸 떼

멸이 산란하려고 연안으로 회유하는 시기, 즉 산란기가 비양도 주변 해역에서는 늦봄부터 초여름 사이다. 그리고 외양성 어류인 샛줄멸이 연안에서 점착성 알을 낳는데, 알을 붙일 암초나 해조류가 있는 얕고 깨끗한 물이 있는 곳으로 비양도가 적격인 것이다. 비양도에서는 이러한 바닷가 해안을 '엿동산'이라고 한다. 냇가에 돌멩이가 있고 그 위에 물이 자박자박하게 흐르는 곳을 여울이라 하며, 깊은 바닷가에서 수심이 낮으려면 어느 정도 솟아오른 곳이어야 하는데 이를 동산이라고 표현했다. '엿동산'의 어원을 나름 유추해 보면, 여울이 있는 동산이라고 해서 지역 어민들이 이름 붙인 것이 아닐까 한다.

우리나라에서는 과연 비양도에서만 샛줄멸이 서식할까? 서식 환경으로 제주도 연안은 거의 비슷한 조건일 것이다. 다만 비양도 어업인들이 요구하고 이곳 연안 자망선에게만 한시어업이 허용되면서 어업이 이루어지고 알려졌기 때문일 것이다. 과거에 섬에서 주민들이 담아 먹어 오던 '멸젓'이 있었는데, 지금은 한림수협에서 일괄 구매해서 비양도 특산품으로 만들었다. 훌륭한 협업 사례다. 꽃멸치의 킬로그램당 위판 단가는 2500원이 넘어 일반 멸치에 비해 8~10배 이상 높아서, 어민 소득에 크게 기여하고 있다.

제주에 오면 한번쯤 똥돼지라 부르는 흑돼지 맛을 봤을 것이다. 한림읍에 나가면 뒷골목에 근고깃집이 하나 있다. 근고기는 몇 인분으로 고기를 팔지 않고 근을 달아 판다고 해서 붙여진 이름이다. 일단 고기가 두껍다. 아직도 연탄불을 고집한다. 화덕이 있는 스테인리스 원탁이다. 보드카가 연상되는 라벨의 한라산소주를 한잔하기에 딱 맞는 분위기다.

고기를 올린 석쇠에 뭔가 담긴 종지가 놓여 있다. 내가 궁금해 하자, 직접 고기를 구워 주던 주인아주머니가 알려 주었다. 고기를 찍어 먹는 육젓이란다.

보통 육지에서 육젓이라 하면 유월에 잡아 담근 새우젓을 말하는데, 아무리 살펴봐도 새우는 아니었다. 사연을 들어보니, 멸치는 젓갈을 담으면 삭아서 국물만 남아 액젓이라 부르고, 샛줄멸은 살이 단단해 젓갈을 담아도 육질이 남아있어 '고기 육肉' 자가 들어간 육젓이라 부른단다. 아하! 기가 막히다. 이것이 문화文化다, 글이 되는 것.

샛줄멸로 만든 육젓과 기비나고 봉지라면. 고양이가 물고 있는 모습이 재미있다.

샛줄멸은 특히 일본 남쪽의 규슈 가고시마 지방에서 유명하다. 이곳 샛줄멸은 안 먹어 보면 '유감'이라고 할 정도다. 게다가 '기비나고キビナゴ(꽃멸치)' 라면이 봉지면으로까지 출시되었다고 하니, 지역 특산물인 것만은 분명하다. 역시 샛줄멸이 살 수 있는 따뜻한 남쪽 바닷가 이야기다. 라면을 좋아하는 사람이라면 한 번은 먹어 봄직하다.

멸치는 기다려 주지 않는다

이문호 감독이 제주를 찾아온 것은 EBS 프로그램 작가가 사전 답사를 하고 간 뒤 두 달여 만인 여름이었다. 사정이야 어떻든 멸치를 촬영하기에는 늦은 감이 있었다. 8월 초면 멸치가 제주도 주변의 가까운 바다에서 빠져나가 먼바다로 북상 회유하는 시기다.

제주의 멸치는 전통적으로 불배 또는 챗배라 부르는 배를 타고 분기초망 어법으로 11월부터 이듬해 8월 사이에 바닥이 모래펄인 수심 10미터 내외에서 조업한다. 5~6월 봄에는 작은 멸치가 잡히고, 멸치가 성장하면서 7~8월이 되면 큰 멸치가 잡힌다. 분기초망 어업은 불을 밝히는 집어등을 뱃머리에 켜 놓고 챗배 옆구리에서 챗대라는 막대기에 연결된 키 모양의 그물을 멸치 어군 밑으로 이동시킨 뒤 불을 밝혀 그물 속으로 유인함으로써 짧은 시간 안에 떠올려 잡는 어법이다. 분기초망 焚寄抄網이란 말 자체가 불빛으로 어군을 끌어 모아서 떠올려 잡는다는 뜻이다. 이러한 전통 어업을 찾아 촬영하고자 성산포와 모슬포 등지의 서귀포 일대를 다 뒤졌는데도 헛일이었다. 예년에 비하여 물이 차서 조업이 일찍 끝났기 때문이다. 멸치가 기다려 주지 않고 이미 먼바다로 이동한 것이다.

또 다른 제보가 들어왔다. 한림읍 옹포항에 가면 저녁 무렵 멸치 떼가 부둣가로 튀어 오른다는 것이다. 동네 주민들이 달려 나와 바가지로 멸치를 주워 담았단다. 언뜻 듣기에 언젠가 뉴스에서 본 장면 같았다. 철 지난 9월이면 동해의 속초 앞바다 백사장에 멸치 떼가 튀어 올라 주민과 관광객이 주워 담는 일이 벌어진다는 소식이었다. 이런 현상은 늦

여름 동해에서 반복해 일어나는데, 고등어 떼에 쫓긴 멸치 떼가 방향을 잃고 뭍으로 뛰어 올라온 것이라는 해석이다.

이런 일이 제주에서도 일어나는가 싶어 몹시 설레는 마음으로 포구로 나갔다. 달도 없는 그믐 사리 때 만조가 되어 부둣가로 찰랑찰랑 물이 넘칠 만큼 수위가 높아지기까지 기다렸다. 아무리 기다려도 멸치 떼는 고사하고 멸치 그림자도 볼 수가 없었다.

함께 기다리던 제보자에게 그 당시 상황을 다시 들어 본즉, 한 달 전 7월 그믐 사리 때 지나가던 멸치잡이 배들이 엔진 소리를 높이며 항구로 들어오니까 멸치가 뛰어 올랐다는 것이다. 뉴스에 나온 동해 멸치 떼와 같은 이유인 듯했다. 멸치 떼가 해안 가까이에 있을 때 고등어 떼든 선박이든 멸치를 막다른 곳까지 몰아붙여서 생긴 현상이리라. 그러나 이 또한 시기가 지났다. 이미 멸치는 우리 주위에 있지 않았다.

마지막으로 바다목장사업과 바다숲조성사업으로 물속에 들어가는 잠수업체에게 정보를 얻고자 했다. 잠수부들이 불과 보름 전만 해도 서귀포시 보목리 앞바다에 있는 섶섬 물속에서 멸치 떼를 보았다는 것이다. 혹시 발견하면 촬영을 해 달라고 부탁했으나, 그 뒤로 연락이 없었다. 자연은 이렇게 냉정하다.

제주에는 원담이 있다

한림읍에서 옹포를 거쳐 협재를 지나 금능에 가면 금능해변이 있다. 예부터 육지에서 오는 관광객은 협재해수욕장에서 놀고 지역 주민들은 금능해변에서 논다는 말이 있을 정도로, 백사장이 넓고 완만하여 아이들이 놀기에 최고다. 이 백사장 한쪽으로 멸치가 들어온다.

제주도에 가장 흔한 것 중 하나가 돌이라 하지 않던가. 화산 폭발 때 분출한 마그마가 급격히 식으면서 만들어진 구멍 송송 뚫린 시커먼 현무암을, 제주 사람들은 그들의 생활 곳곳에 이용했다. 요즘 제주 올레길을 걸을 때 볼 수 있는 돌담이 대표적이다. 돌담은 강한 바람으로부터 집과 작물을 보호해 준다. 무덤가에도 돌담이 있는데, 산에 있다 하여 산담이라 부른다.

그러면 바다에도 돌담이 있을까? 돌 그물인 '원담'이 있다. 원담이란 돌을 둑처럼 야트막하게 쌓아 놓고 고기를 잡는 장치인데, 밀물 때 물과 함께 휩쓸려 들어온 물고기가 물이 빠지는 썰물 때 엉기성기 쌓인 돌담에 걸리는 것이다. 요즘의 먹거리 관점에서 보면, 이런 어법으로 잡은 물고기는 슬로푸드 또는 슬로피시에 해당한다. 느리되 환경과 몸에 더 이로운 슬로푸드는 패스트푸드에 반대되는 건강한 먹거리를 추구하는데, 이익만 좇아 기업형 음식을 빠르게 대량생산하기보다는 자연에 순응하여 느리게, 그리고 소비자와 가까운 산지에서 먹거리를 생산하자는 뜻이다. 나날이 파괴되는 지구의 현실을 직시할 때 절대적으로 옳다.

지금은 고기잡이를 하는 사람도 줄고, 배를 가지고 어업을 하는 어부는 나일론으로 만든 그물을 손쉽게 구할 수 있어 더 이상 원담에서 고생스러운 고기잡이를 하지 않는다. 그러나 아직 원담에는 원담지기가 있다. 내가 만난 이방익 할아버지도 그렇다. 이 우직한 하르방은 소싯적에 군대 다녀와서부터 지금까지 혼자서 부서진 원담을 보수하고 관리

원담 고기잡이와 원담지기 이방익 씨

하면서 고기잡이를 하고 있다. 이 원담에서 잡은 고기를 팔아 자식들을 다 가르치고 장가보냈다며 자부심이 대단했다. 무엇보다 남한테 해코지 하지 않고 착하게 살아서 잡혀갈 일 없다고 농담을 할 만큼 인생의 여유가 있어 보였다.

8월의 제주는 우기가 한창이다. 가끔 태풍도 분다. 제주의 여름은 유채꽃 피는 봄과 사뭇 다르다. 이런 상황에서 촬영을 시작한 이문호 감독의 고생은 말이 아니었지만 원담을 촬영하면서 다시 활기를 찾는 듯 보였다. 물이 빠진 원담에 갇힌 어린 전갱이들이 군무를 하듯 일렬로 떼지어 다니는 모습은 맨눈으로 보아도 장관이었다. 맨 앞에 선 대장의 뒤를 따라 일사불란하게 헤엄치는데, 유턴할 때도 서로 부딪치는 일이 없었다. 원담 물속에 카메라를 집어넣으니 또 다른 세상이 있었다. 맨눈에 보이지 않는 아주 작은 치어들과 작은 생물들이 다양하게 보였다. 연안이나 만 또는 조석에 따라 바닥이 파여 만들어진 조수 웅덩이가 해양생물의 보육장이라는 평소 나의 학설을 입증해 주는 증거물이었다. 대중을 위한 방송 촬영에서 과학을 입증하는 순간이었다.

아직도 이곳 원담에 멸치나 꽃멸치가 돌아오지 않았다. 우리는 다만 강남 갔던 제비가 봄이 되면 돌아오듯 북상했던 멸치가 월동하러 따뜻한 남쪽으로 내려올 때를 기다릴 뿐이다. 이렇게 자연은 기다림이다.

해산물,
김치를 만나다

　　　　　　겨울을 앞두고 찬바람이 불기 시작하면 집집마다 나누는 인사
말이 있다. "김장은 하셨어요?" 이처럼 김치만큼 우리 민족을 대표하는 겨울맞
이 음식도 없을 듯하다. 우리 민족의 음식 문화는 물론 공동체 문화까지 고스
란히 반영한 것이 바로 이 '김장 문화'다. 그래서 김장 문화는 2013년 유네스코
인류무형문화유산으로 등재되기도 했다. 김치는 세계에서도 유래가 드물게 식
물성 재료와 동물성 재료가 어우러져 발효된 저장음식이다. 지역마다 그 지리
학적 특색을 드러내는 각양각색 재료와 담그기 비법이 있어 그 종류만도 수백
여 가지에 이른다고 한다. 그러니 매뉴얼화된 일본의 기무치キムチ가 김치종주
국에 명함이나 내밀 수 있었겠는가.

갖은 젓갈을 이용해 김치를 담그는 우리네 김장 문화

황석어젓

꽁치젓

특히 우리 김치는 지방에 따라 소금 간 정도와 사용하는 젓갈이 다 다르다. 북쪽 지방은 기온이 낮아 소금 간이 약하고 양념도 담백하다. 반면 남쪽 지방은 기온이 높아 더 오랫동안 김치를 보관하기 위해 소금 간이 세고 양념 또한 빨갛고 칼칼해, 땀이 절로 배어 나오는 맛이다. 흔히 "북한 김치는 싱겁고, 남한 전라도와 경상도 김치는 짜고 맵다"는 말이 있는데, 이를 두고 하는 이야기다.

해역별로 보면, 서해안에서는 새우젓과 조기젓을 많이 쓰는 반면, 남해안에서는 멸치젓과 참조기를 갈아 만든 조기젓을 주로 사용한다. 각 지역에서 많이 나는 수산물로 김칫소를 만들므로 그 지역만의 별미가 되기도 한다.

서해에 접한 서산, 군산 등은 쉽게 구할 수 있는 새우젓과 황석어라고 부르는 황강달이로 만든 황석어젓, 까나리액젓 등을 많이 썼다. 인천광역시 옹진군의 문갑도에서는 배추와 무를 섞어 담근 막김치의 일종인 섞박지에 갈치와 잘 삭힌 밴댕이젓을 함께 넣어 김장을 한다. 새우가 많이 나는 강화도에서는 순무로 김치를 만들 때 새우젓뿐만 아니라 반지(멸칫과)로 만든 일명 밴댕이젓을 함께 넣어 섞박지를 한다.

동해에 인접한 울진 지역에서는 바닷물에 배추를 절여 대구, 이면수라 부르는 임연수어 등 울진에서 잡히는 싱싱한 생선을 양념과 함께 버무렸는데, 후포

에서는 특별한 김장 비법으로 꽁치젓을 사용하기
도 했다. 속초, 강릉 등의 강원 지역은 오징어를
비롯한 싱싱한 해산물로 김치를 담갔다. 대표
적인 김치로 가자미식해, 북어배추김치, 명태
아가미덮개로 만든 서거리깍두기, 오징어김
치, 대구깍두기가 있다. 부산 기장 지역은 멸
치가 많이 나는 곳으로, 예부터 대멸치를 통째로
김치에 넣어 함께 숙성시켰다.

새우젓

　　남해 동부인 경상도 거제도에서는 김치 양념에
볼락을 통째로 넣는다. 같은 남해안이라도 서부
인 전라도 여수에서는 기름기 많은 멸치젓과
참조기를 갈아서 젓갈로 사용한다.

　　제주에서는 기후가 따뜻해 배추가 밭에
서 월동했으므로 굳이 젓갈을 사용해 저장 음
식을 만들 필요가 없었다. 그래서 제주는 양념
을 적게 쓰는 대신 바다에서 갓 잡아 올린 싱싱한 재
료로 김치를 담갔다. 최근에 개발된 대표적인 김치가 바로

전복물김치

전복김치다. 김치와 전복의 조합이라니, 그야말로 '슈퍼 울트라 푸드'가 아닐
수 없다.

꽃멸
과
원담

바다의 우유로 불리는
완전식품, 그리고 사랑의
묘약이라고 일컬어지는 굴은
겨울이 제철이다. 이처럼
어패류에는 제철이 있는데,
맛이 좋은 시기를 말한다.

가리비는 어떤 조개 무리에서도
볼 수 없는 점프를 하는 것으로
유명하다.

인간의 생명을 구했다는 방주를
피조개 이름으로 했다는 사실은 무척
흥미롭다. 피조개가 인간과 같은
적혈구를 가진 조개라는 의미에서 붙인
것이 아닐까 생각한다. 피는 바로
생명을 의미하기 때문이다.

조개란 조개는 여기
다 모여라!

굴

꼬막

바지락

로마 신화에 나오는 미와 사랑의 여신 비너스는 영원한 미의 상징이다.
화가 산드로 보티첼리는 〈비너스의 탄생〉에서, 비너스가 조가비에서
태어난 것으로 묘사했다. 이렇듯 조개는 동서양 할 것 없이 생명의
시원이요, 미의 원천이다.

생명의 시원에서
민중의 밥상까지

굴
꼬막
바지락

선사시대 패총은 조개껍데기가 가장 많이 출토되어 붙여진 이름이다. 조개는 움직임이 크지 않아 특별한 어획 기술 없이도 손쉽게 따거나 캘 수가 있어 아주 옛날부터 먹거리로 이용되었다는 증거다. 또한 조개껍데기가 동물 가죽이나 뼈 등과 함께 화폐 구실을 했다는 것도 익히 알려진 사실이다. 실제 조가비는 그 화려함과 견고성 때문에 기원전 3000년경부터 돈으로 쓰였으며, 오늘날 돈과 관련된 한자에 '조개 패貝' 자가 들어가는 계기가 되었다고 한다. 조개의 가치를 보여 주는 역사적 사실이다.

고려시대 가요 〈청산별곡〉 2절에는 "살어리 살어리랏다 바라래 살어리랏다. 나마자기 구조개랑 먹고 바라래 살어리랏다"라는 구절이 있다. 여기에 나오는 '바라래'는 '바다에', '나마자기'는 '해조류', '구조개'는 '굴과 조개'를 일컫는 말로 추정된다. 미역, 김, 다시마 등 해조류와 함께

우피치미술관의 보물, 〈비너스의 탄생〉

굴 등의 패류가 우리네 식생활에 애용되었다는 것을 미루어 짐작할 수
있다.

판소리 여섯 마당 중 하나로 변강쇠와 옹녀가 처음 만나 나눈 사설인
〈가루지기타령〉에서, 천생음골 강쇠놈은 옹녀의 양각을 번쩍 들고 옥
문관을 굽어보며 여성의 비밀스러운 곳을 이렇게 표현한다. "이상히도
생겼구나. 맹랑히도 생겼구나. 늙은 중의 입일는지 털은 돋고 이는 없

다. 소나기를 맞았던지 언덕 깊게 패였구나. 도끼날을 맞았는지 금 바르게 터져 있다. 생수처의 옥답인지 물이 항상 고여 있다. 무슨 말을 하려는지 옴질옴질하고 있노. 천리행룡 내려오다 주먹바위 산통하다. 만경창파 조개인지 혀를 삐쭘 빼였으며, 임실 곶감 먹었는지 곶감씨가 장물이요, 만첩산 중 으름인지 제가 절로 벌어졌다. 연계탕을 먹었는지 닭의 벼슬 비치였다. 파명당을 하였는지 더운 김이 그저 난다. 제 무엇이 즐거워서 반쯤 웃어 두었구나. 곶감 있고, 으름 있고, 조개 있고, 연계 있고, 제사상은 걱정 없다." 이와 같이 조개는 여성의 성기와 결부되어 탄생과 생명의 상징이자, 다산과 풍요의 의미로 여겨졌다.

로마 신화에 나오는 미와 사랑의 여신 비너스는 영원한 미의 상징이다. 화가 산드로 보티첼리(1444~1510년)는 〈비너스의 탄생〉에서, 비너스가 조가비에서 태어난 것으로 묘사했다. 이렇듯 조개는 동서양 할 것 없이 생명의 시원始原이요, 미의 원천이다.

굴
꼬막
바지락

바다의 우유 굴은 사랑의 묘약

바다의 우유로 불리는 완전식품, 그리고 사랑의 묘약이라고 일컬어지는 굴은 겨울이 제철이다. 이처럼 어패류에는 제철이 있는데, 맛이 좋은 시기를 말한다. 어패류의 맛은 수온과 먹이의 영향을 많이 받지만, 대부분 지방 함량이 증가되는 산란 전에 가장 좋아진다. 그러나 굴처럼 산란기에는 독소가 있어서 먹기에 적합하지 않은 경우도 있다. 우리나라는 옛날부터 "굴은 보리가 패면 먹어서는 안 된다"고 했고, 일본에서는 "벚꽃이 지면 굴을 먹지 말라"고 했다. 서양에서도 여름철, 특히 달 이름에 "R 자가 들어 있지 않은 5월, 6월, 7월, 8월에는 먹지 말라"고 했다. 굴의 산란기는 7~8월 여름철이다. 이때는 생식소를 성숙시키기 위해 영양분의 대부분을 소비하여 살도 빠지고, 글리코겐 함량이 최소로 낮아져 맛이 떨어질 뿐만 아니라, 난소에서 분해된 독소가 나오니 먹지 말라는 경고다.

조선시대 허균의 책《도문대작屠門大嚼》은, 고기를 먹고 싶으나 먹을 수가 없어 고깃집 문屠門이나 바라보고 크게 씹는大嚼 흉내를 내며 자위한다는 뜻의 성어를 제목으로 삼았다. 허균은 서문에서 "내가 죄를 짓고 귀양살이를 하게 되니 지난날에 먹었던 음식이 생각나서 견딜 수 없다. 이에 종류를 나누어 기록해 놓고 때때로 보아 가며 한번 맛보는 것이나 못지않게 한다"고 밝혔다. 당시 식품의 특징과 명산지, 가공과 조리 방법 등을 한눈에 볼 수 있는, 우리나라에서 가장 오래된 식품 전문서인 셈이다. 이 책은 "함경도 고원과 문천의 동해안에서 나는 굴이 크고 좋은데, 맛은 서해안에서 나는 것보다 못하다"며, 산지마다 생산물의 맛을 비교할 정도다. 또 "굴 따는 여인들이 얼굴 붉히며 굴을 치마 속에 감추느라 허겁지겁한다"고 묘사하며, 사랑의 묘약인 굴을 남편에게 먹이면 밤새 보채게 된다는 이야기가 있는데, 읽는 나도 얼굴이 붉어진다.

정약전은《자산어보》에서 굴을 자세히 기록했다. "큰 놈은 지름이 한 자 남짓 되고, 두 쪽을 합치면 조개와 같이 된다. 몸은 모양이 일정하지 않은 품이 구름조각 같으며, 껍데기는 매우 두꺼워 종이를 겹겹이 발

굴은 동서양을 가릴 것 없이 오래전부터 귀한 식물으로 사랑받아왔다.

굴을 사랑한 나폴레옹의 초상화

라 놓은 것 같다. 바깥쪽은 거칠고 안쪽은 매끄러우며, 그 빛깔이 눈처럼 희다. 껍데기 한쪽은 돌에 붙어 있고 다른 한쪽 껍데기는 위를 덮고 있으나, 진흙 속에 있는 놈은 부착하지 않고 진흙 속에서 떠돌아다닌다. 맛은 달콤하다. 그 껍데기를 닦아 가지고 바둑알을 만든다."

《전어지》에서는 "굴은 조석이 드나드는 곳에서 돌에 붙어 살며, 울퉁불퉁하게 서로 맞붙어서 방과 같다"고 서식 생태를 기록하고 있다. 한편 《동국여지승람》에 따르면 굴이 강원도를 제외한 7도 70고을의 토산물이라고 했는데, 이 기록으로 미루어 볼 때 굴은 우리나라 연해에 널리분포되어 있으며 즐겨 먹어 왔음을 알 수 있다.

"굴은 바다 어물 중에서 가장 귀한 것이며 먹으면 향미가 있고 보익하며 피부를 아름답게 하고 안색을 좋게 한다." 이것이 바로 굴에 대한

무병장수를 돕는
알약

굴은 세계 여러 나라 사람들이 즐겨 먹는 완전식품이다. 굴에는 글리신, 글루탐산 등의 단맛을 내는 아미노산과 타우린, 시스틴 등의 생체 조절 기능을 하는 아미노산이 고르게 조화되어 있어 맛이 좋을 뿐 아니라 신진대사를 활발하게 한다. 생굴 100그램당 타우린 함량은 400~1000밀리그램 정도로 아주 높다. 타우린은 동맥경화, 협심증, 심근경색 등을 유발하는 혈액의 콜레스테롤을 감소시키며, 심장병의 부정맥이나 혈압을 정상화하고 피로 회복과 시력 회복 등에도 효과가 있다.

또한 굴은 계절에 따라 다소 차이가 있긴 하지만, 산란기를 제외하고는 5~6퍼센트의 포도당으로 이루어진 다당류인 글리코겐을 함유한다. 이 글리코겐은 심장의 혈액순환을 돕고 간장의 기능을 활발하게 하면서 췌장 기능을 촉진하는 등 각 장기의 기능을 적극적으로 향상하는 작용이 있어 에너지 저장원의 역할을 한다. 뿐만 아니라 철, 구리, 아연, 망간 등의 미네랄이 풍부하다. 그중 하나인 철은 혈액 속 헤모글로빈의 성분이 된다. 예부터 굴은 빈혈과 간장병 후의 체력 회복에 애용되어 온 훌륭한 강장식품으로, 과음에 따른 영양의 불균형을 바로잡는 데 도움을 준다. 생굴은 셀레늄을 다량 함유하고 있다. 셀레늄은 인체의 세포와 세포막을 발암물질로부터 보호하고 수은, 납, 카드뮴 등의 중금속 독성을 감소시키는 등 해독 기능이 우수하다. 한마디로 굴은 무병장수를 돕는 알약이다.

허준의 《동의보감》 기록이다.

굴은 영어로 오이스터oyster, 일본어로 가키カキ, 牡蠣, 중국어로 모려牡蠣(굴은 수놈뿐이고 암놈은 없다는 뜻), 여합蠣蛤, 모합牡蛤 이라고 부른다. 우리나라에서는 아직도 석화石花라고 부른다.

굴은 열대지방에서 한대지방에 이르기까지, 염분 농도가 낮은 하구에서 염분 농도가 높은 외양까지 거의 전 세계 바다에 분포한다. 연체동물軟體動物, Mollusca문 이매패二枚貝, Bivalvia강 굴목 굴과에 속하며, 현재세계적으로 100여 종 이상이 있다. 연체동물은 조개나 오징어처럼 살이 연한 동물을 말하고, 이매패는 패각이 양쪽 두 개로 이루어진 조개를 말한다. 우리나라에 서식하는 굴은 굴Crassostrea gigas, 바위굴C. nippona, 토굴Ostrea denselamellosa 등 여러 종류지만, 양적으로 많고 산업적으로 이용하는 종은 참굴이라고 부르는 굴이다.

굴은 둥근 모양에서부터 가늘고 긴 모양에 이르기까지 형태가 일정하지 않다. 암수가 한 몸인 자웅동체이며, 알을 내는 난생이다. 산란기는 여름으로, 내만 등 염분도가 낮은 조간대에서 산란한다. 산란된 알은 물속에서 수정되고 알에서 깬 유생은 2주 정도 부유 생활을 하다가 바다 밑 바위나 돌에 착생한다. 만 1년이 되면 성숙하여 어미가 된다. 바위굴도 형태가 일정하지 않으나 보통은 긴 타원형으로, 남해안과 동해 남부 연안에 분포한다. 섬진강에서 잡힌다 하여 강굴, 또는 벚꽃 필 때 잡는다 하여 벚굴로도 부른다. 표준어는 무엇일까? 갓굴Crassostrea ariakensis이다. 이 이름을 찾으려고 학자나 전문가 대여섯 사람에게 문의했다. 백인백답이었다. 표본이 없으니 종을 구분하기 어렵지만, 일반인과 학자

남성들이 정력 식품으로 즐겨 먹는 생굴

섬진강에서 강굴 또는 벚굴이라 부르는 갓굴

사이의 간극이 크다. 표준어를 쉽게 바꿀 수도 없지만, 표준어가 현실에서 통용되는 용어와 동떨어진 것도 문제다. 통용되는 용어를 검증하고 학문적 논의를 거쳐 바꿀 수 있는 것은 바꾸는 것도 방법이다.

으뜸 별미, 서산 어리굴젓

굴은 주로 겨울철 생산 시기에 각종 제품으로 만들어진다. 굴젓, 마른굴, 훈제기름담금통조림 등 저장성이 있는 식품들로 가공되는 것이다.

조선 정조 때 문인인 이옥李鈺은《백운필白雲筆》‘석화’ 편에서, 굴에 대한 세간의 평을 이렇게 적었다. “대개 석화의 쓰임은 회膾가 최고이고, 무치는 것이 다음이고, 젓갈로 만드는 것이 그다음이고, 죽을 만드는 것이 또 그다음이고, 전을 만드는 것이 그다음이고, 국으로 만드는 것이 제일 못하다.”

나는 굴을 이용한 요리로 생굴을 으뜸으로 치지만, 굴을 넣은 따끈한 돌솥밥도 별미다. 또한 충청도 사람으로 어릴 적부터 길들여진 입맛으로 충남 서산의 어리굴젓을 꼽을 수 있다.

‘어리’는 ‘덜된, 모자란’이라는 뜻의 ‘얼’에서 나온 말이다. 짜지 않게 간하는 것을 ‘얼간’이라고 하며, 얼간으로 담근 젓을 ‘어리젓’, 그렇게 담근 김치를 ‘얼간이김치’라고 한다. 됨됨이가 똑똑하지 못하고 모자라는 사람을 ‘얼간이’라고 하는데, 바로 여기에서 나온 말이다.

허균의《도문대작》에는 “어리굴젓의 원료로는 알이 발달하지 않은

12월부터 이듬해 3월까지 바위에 붙은 자연굴인 석화가 가장 좋다. 서산 어리굴젓이 유명한 이유는 바위에서 자라다가 갯벌로 떨어져 크게 자라지 못한 알굴로 담그기 때문이다"라는 기록이 있다. 갯벌이 발달한 서해안의 특성에 적응한 굴의 서식 생태를 말해준다.

같은 어리굴젓이라도 서산 간월도 것을 제일로 친다. 서산 간월도 어리굴젓은 고려 말부터 알려지기 시작했으며, 조선시대에 이르러 무학대사가 간월암에서 수도할 때 태조에게 진상하면서 수라상에 오르고 진상품으로 주목을 받게 되었다고 한다. 간월도 석화는 다른 지방의 굴에 비해 빛깔이 거무스름하고 알이 작으나, 양념이 속살까지 배어 젓갈 맛이 깊게 든다. 갓 딴 석화를 갖은 양념에 버무려 옹기에 넣은 뒤에 일정 기간 발효해 내놓는데, 알갱이가 오돌오돌 씹힌다. '밥 한 술에 어리굴젓 한 점'이라는 말처럼, 입맛이 없는 겨울철에는 어리굴젓만 있어도 밥

서산 어리굴젓의 재료인 석화를 채취하는 간월도 어민

한 공기를 너끈히 비울 수 있다.

굴 하면 떠오르는 도시로 여수도 있다. 누구
나 그렇듯이 자신의 경험을 중심으로 추억하고
사고하기 마련이다. 지금부터 10년도 더 이전인
2003년 즈음 남해수산연구소에 근무하며 살던 여
수시, 정확히 말하면 통합 전 여천시 소호동에 화양굴
구이집이 있었다. 겨울이면 활성화되지 않은 공장 창고

간월도
어리굴젓

건물 하나를 통째로 빌려 식당을 운영했는데, 그 규모가 엄청나서 왁자
지껄 시끄러운 독일의 대형 생맥주집이 연상될 정도였다. '굴구이'라고
는 하지만, 엄밀히 말하면 자체 제작했다는 직사각형의 찜기에 통굴과
물을 넣고 프로판가스로 쪄서 즉석에서 목장갑을 끼고 굴칼로 까먹는
것이었다. 다 먹고 나면 굴을 넣어 끓인 죽을 내주는데, 이 또한 일품이
었다. 당시 네 명이 먹을 수 있는 한 판이 1만 5000원이라, 타지에서 찾
아온 친구들을 대접하기에 안성맞춤이었다. 들리는 소문으로는 홀에서
서빙을 하는 아저씨가 여수대학교 교수였는데, 수익이 월급보다 많아
서 투잡을 마다하지 않았다는 풍문이다.

남도 조개 삼형제 : 꼬막, 새꼬막, 피조개

조정래의 《태백산맥》은 한국 현대문학사의 대표적 대하
소설로 꼽힌다. 이 책에서는 꼬막을 "간간하고 쫄깃쫄깃하고 알큰하기
도 하고 배릿하기도 한 그 맛은 술안주로도 제격이제"라고 묘사했다.

대학 시절 마음을 졸이고 가슴 치며 읽던 이 소설에서 정하섭과 소화, 외서댁과 염상구, 무당 월녀가 벌교 꼬막을 이야기한 장면이 아련하다.

이 소설의 배경을 찾아 남해안 갯벌 바닷가를 걷다 보면, 어민들이 '뻘배' 또는 '널배'라 부르는 널빤지를 타고 한 발로 힘차게 뻘을 차며 나가면서 무슨 조개를 캐는 광경을 볼 수 있다. 고흥 쪽 해변이나 보성만 일대에서도 꼬막은 난다. 그러나 그 맛이 벌교 꼬막에 미치지 못해 옛날부터 타지 사람들이 먼저 알고 차등을 매겼다고 한다. "벌교에서 물 인심 다음으로 후한 것이 꼬막 인심이었고, 벌교 오일장을 넘나드는 보따리장꾼들은 장터거리 차일 밑에서 막걸리 한 사발에 꼬막 한 됫박 까먹는 것을 큰 낙으로 즐겼다."

꼬막 조개껍데기에는 밭고랑 같은 골이 나 있는데, 언뜻 보면 다 같은 종류 같지만 이 방사륵 수에 따라 꼬막, 새꼬막, 피조개 등으로 구분된다. 꼬막 *Tegillarca granosa* 의 방사륵 수는 17~18줄, 새꼬막 *Scapharca subcrenata* 은 30~34줄, 피조개 *Scapharca broughtonii* 는 42~43줄이다.

꼬막은 흔히 참꼬막이라 하며, 제사상에 올린다고 해서 제사꼬막이라고도 부른다. 이 꼬막의 영명은 그래눌라아크 *granular ark* 이고, 일본어로는 하이가이 *ハイガイ* 라고 한다. 새꼬막은 껍데기의 골이 꼬막보다 가늘게 팬 것으로 제사 때 쓰지 못한다고 해서 똥꼬막으로도 부르는데, 사실은 참꼬막보다 속이 알차고 짠맛이 덜하여 먹기에 제격이다. 조금 더 깊은 뻘 바닥에 사는 피조개는 꼬막이나 새꼬막보다 더 크고, 조개껍질을 까 보면 속에서 피가 흐른다.

정약전의 《자산어보》에서는 꼬막을 이렇게 기록하고 있다. "크기는

뻘배를 타고 꼬막을 캐는 벌교 주민들

밤만 하고 껍질은 조개를 닮아 둥글다. 빛깔은 하얗고 무늬가 세로로 열을 지어 늘어서 있으며 줄과 줄 사이에는 도랑이 있어 기와지붕과 같다. 두 껍질의 들쑥날쑥한 면이 서로 엇갈려 맞물려 있다. 고기살은 노랗고 맛이 달다." 더욱이 새꼬막은 "꼬막과 유사하나 기왓골 무늬가 더 자잘하고 윤이 난다"고 꼬막과 구분했으니, 뛰어난 관찰력이라 하지 않을 수 없다.

꼬막은 가을 찬바람이 불면서부터 맛이 들기 시작해 여름철 알을 품기 전까지가 가장 맛이 좋다. 꽃게 같은 갑각류도 마찬가지지만, 꼬막은 달이 찬 보름 무렵에 잡기보다 달이 없는 그믐에 캐야 살이 알차다고 한다. 꼬막은 시금치 데쳐 내듯 핏기는 가시고 간기는 남아 있게 살짝 삶아야 한다. 알맞게 삶아진 꼬막은 조갯살이 줄어들지 않고 물기가 촉촉이 돈다. 꼬막은 소화·흡수가 잘될 뿐 아니라 고단백·저지방 알칼리성 식품으로 병후 회복에 좋다. 또한 철분과 각종 무기질이 많이 함유되어 있어 빈혈에 좋고, 조혈강장제로 효과가 있다.

시원한 국물 맛 책임지는 바지락

바지락은 한국, 사할린, 일본, 중국, 타이완 등에 분포하는데, 우리나라에서는 전 연안에 분포하나 서해안에 특히 많다. 서식처는 담수의 영향을 받는 천해淺海(얕은 바다)이고, 바닥이 사니질沙泥質인 조간대에서부터 수심 5미터 되는 데까지 산다. 바지락은 긴 타원형이며, 조가비 겉면에는 많은 방사륵과 함께 나이를 알 수 있는 성장선이 뚜렷

피조개의 피가 붉은
이유는?

일반적으로 조개류의 피는 헤모시아닌을 함유하여 녹색을 띤다. 그러나 피조개만은 피가 붉은데, 산소를 운반하는 호흡색소인 헤모글로빈을 풍부히 함유하기 때문이다. 그래서 이름도 피조개가 되었다. 영어로도 브러디클램bloody clam, 일본에서도 아카가이アカガイ, 赤貝라고 하여 '붉은 피'를 나타내는 이름으로 불린다. 그런가 하면 영어권에서는 피조개를 아크셸ark shell이라고도 부른다. 조개 이름에 방주方舟를 의미하는 아크ark를 붙인 이유는 무엇일까? 그 어원은 성경 〈창세기〉에 기록된 노아의 홍수에서 유래하는데, 노아는 150일간 천지를 뒤덮은 홍수 때 가족과 각종 금수를 데리고 방주로 옮겨 살아남았다. 인간의 생명

피조개

을 구했다는 방주를 피조개 이름으로 했다는 사실은 무척 흥미롭다. 피조개가 인간과 같은 적혈구를 가진 조개라는 의미에서 붙인 것이 아닐까 생각한다. 피는 바로 생명을 의미하기 때문이다. 출혈은 항상 불안과 공포의 대상이며, 혈액 순환을 담당하는 심장의 운동이 정지되면 그 어떤 생명체든 죽음을 맞는다. 피조개 피의 비중이 사람의 혈액 비중과 거의 같을 정도로 진하다고 하니, 옛사람들의 혜안에 놀라지 않을 수 없다.

바지락칼국수

한 편이다. 바지락은 몇만 개를 채취해도 패각에 나 있는 무늬가 다 다르다. 조가비 색깔 역시 개체변이가 뚜렷하여 백색에서 청흑색까지 다양하다. 심지어 바지락은 이매패로서 두 개의 패각으로 이루어지는데 좌우 패각의 모양과 색도 다르다. 예술적 관점에서 보자면 어느 것 하나 디자인이 같은 게 없는 셈이다. 바지락의 패각에 그려진 무늬를 보고 있노라면 한 폭의 산수화가 연상되는 것은 나만의 생각일까.

바지락*Ruditapes philippinarum*, 淺蛤은 이매패강 백합목 백합과에 속한 조개로, '바지라기'라 불리던 것이 줄어 바지락이 되었다고 한다. 《바다 맛 기행 2》의 저자 김준은 계화도에서 만난 아주머니의 말을 빌려, 발밑에 조개가 밟히는 소리가 '바지락 바지락' 난다고 해서 붙은 이름이라고 그 유래를 설명했다. 동해안 지역에서는 '빤지락', 경남 지역에서는

'반지래기', 인천이나 전라도 지역에서는 '반지락'이라고도 부른다. 한때 반지락이 표준말로 착각되어 논문에도 표기된 적이 있을 정도로 이름이 다양하다. 영어로는 쇼트네키드클램short-necked clam, 리틀넥클램 little neck clam, 일본어로는 아사리アサリ,淺蜊, 중국어로는 황합黃蛤 또는 소합小蛤이다.

정약전의 《자산어보》에는 "바지락布紋蛤은 큰 놈은 지름이 두 치 정도이고 껍데기가 매우 얇으며, 가로 세로 자잘한 무늬가 있어 가느다란 베와 비슷하다. 양 볼이 다른 조개에 비해 높게 튀어나와 있을 뿐 아니라 살도 또한 풍부하다. 빛은 희거나 혹은 청흑색이다. 맛은 좋다"라고 기록되어 있다. 언제 어디서나 쉽게 볼 수 있는 가장 대중적인 조개 중 하나다.

바지락은 우리나라에서 아주 많이 먹는 조개로, 양식이 비교적 쉬워서·남해안 어촌의 주요 소득원이 되고 있다. 봄이 되면 산란에 대비하여 수관으로 해수를 원기 왕성하게 빨아들여 물속에 있는 유기물을 먹으면서 쭉쭉 성장한다. 서식 장소에 따라 맛과 형태도 차이가 난다. 유기물이 풍부한 해수에서 성장한 바지락은 패각도 크고 조갯살도 충실하지만, 환경이 나쁜 곳에서 자란 놈은 작달막하고 패각에 나 있는 무늬도 볼품없다.

'봄 조개, 가을 낙지'라 하여, 조개는 봄이 제철이고 가을에는 낙지가 제맛이다. 바지락, 백합, 재첩 등을 삶으면 감칠맛이 풍부한 국물이 뽀얗게 우러난다. 우리는 뜨거운 국물을 마시면서 '시원하다'고 표현하는데, 아마 서양 사람들은 이런 느낌을 잘 이해하지 못할 것이다. 감칠맛

나는 시원한 국물은 베타인, 글루탐산, 이노신산과 호박산 등이 어우러진 맛이다.

　조갯국에는 간을 보호하는 성분들이 함유되어 술 마시는 주객들에게 해장국으로도 훌륭하다. 바지락은 빈혈에 효과적인 철을 함유하고 있는데, 철은 혈액 속 헤모글로빈을 구성하는 성분의 하나다. 또한 양질의 아미노산인 타우린도 있는데, 타우린은 혈액 속에 남은 콜레스테롤을 배출하여 혈액순환을 좋게 한다.

　요리에는 산 놈을 사용하고, 혹시 펄이나 유기물이 있다면 해감을 해야 한다. 흙이나 모래는 바지락이 채취될 때 놀라서 흡입한 것으로, 본래 조개는 몸에 들어온 이물질을 배출하려는 습성이 있으므로 바닷물이나 소금물에 하룻밤 담가 두면 저절로 토해 낸다. 칼국수를 만들 때 산골이나 내륙 지방에서는 닭 국물을 사용하지만, 해안가에서는 바지락을 넣는다. 단골로 찾는 일산의 한 식당 바지락칼국수는 배가 불러도 또 들어간다. 시원한 해물 맛이 밀가루의 텁텁함을 감싸 주는 조화를 부리기 때문이다.

새가 변해 조개가 됐다는 설화의 새조개

　이매패 조가비의 겉모양은 일반 조개류와 비슷하나 복족腹足이라고 부르는 발의 형태가 새 부리와 닮아서 이름 붙여진 새조개 *Fulvia mutica*는, 여수와 광양 등지에서 겨울철에만 맛볼 수 있는 특별한 조개다. 새조개는 육질이 새고기 맛과 비슷해서 붙여진 이름이라는 설

이 있을 정도로 조갯살 식감이 쫄깃하다. 일본어로 도리가이トリガイ, 鳥貝라고 부르는 것은 이런 이유일 것이다. 영어로는 에그코클egg cockle, 코클셸cockle shell이라고 한다. 정약전은 이미 《자산어보》에서 새조개를 새와 연관지어 기록했다. "큰 놈이 네댓 치 정도로 껍질이 두껍고 매끄러우며, 참새 빛깔에 무늬가 참새털과 비슷하여 참새가 변한 것이 아닌가 하고 의심된다. 북쪽 땅에는 매우 흔하지만 남쪽에는 희귀하다. 대체로 껍데기가 두 개 합쳐진 조개를 합蛤이라 한다. 이들은 모두 진흙 속에 묻혀 있으며, 난생이다."

출수공으로
물을 뿜어 내는
새조개 모습

새조개 조갯살데침

새조개는 주둥이 부분이 검을수록 좋고, 살이 두꺼워야 제맛을 낸다. 제철은 12~3월이고 1~2월 한겨울에 절정의 맛이 나는데, 이후 산란과 동시에 빠른 속도로 살이 빠지면서 한꺼번에 맛과 향이 떨어진다. 가막만, 여자만, 광양만, 진해만 등지에서 나는 새조개의 품질이 우수하다. 주로 초밥이나 회로 먹으며, 여수에서 겨울 한철에 맛볼 수 있는 조갯살 데침(샤브샤브)은 일품이다. 그러한 만큼 값이 비싸다. 김준의《바다맛 기행 2》에서는 목포의 '홍어삼합'에 빗대어 여수의 '새조개삼합'을 더했다. 새조개에 노릇노릇한 삼겹살과 잘 익은 김치를 곁들여 상추에 싸 먹으면, 소주 생각이 절로 난다.

패각은 광택이 있는 연한 황갈색이나 안쪽은 분홍색을 띠며, 패각 겉면의 톱니 모양 무늬인 방사륵의 흔적이 안쪽에까지 나 있다. 패각에는 46~47개 정도의 방사륵이 있고, 방사구라고 부르는 고랑의 깊이는 얕은 편이며 짙은 갈색의 털이 끼어 있다.

비너스를 탄생시킨 가리비

그 유명한 명화 〈비너스의 탄생〉에서, 오른손으로 젖가슴을 가리고 왼손으로는 긴 머리카락을 늘어뜨려 자연스레 치부를 가린 미의 여신이 태어난 곳이 바로 가리비다. 그런가 하면 세계적인 석유회사인 쉘Shell의 심벌 역시 가리비 조개껍질이다. 이 회사의 상징이 조개껍데기인 사연은 재미있다. 쉘석유는 본래 조개를 취급하는 회사였다. 각종 토산물과 단추의 원료로 사용된 조개껍데기를 아시아에서 수입해

팔았다. 그런데 아시아에서 조개를 배에 싣고 올 때는 문제가 없었지만, 조개를 가지러 아시아로 갈 때 빈 배로 가는 것이 큰 손해처럼 여겨졌다. 그래서 비어 있는 화물선에 석유를 싣고 운반하기 시작했는데, 석유가 조개껍데기보다 더 큰 돈벌이가 되자 아예 석유 수송업으로 전업했다. 그러나 원래의 조개 심벌만은 바꾸지 않았다. 사업 성공의 계기였을 뿐 아니라 그 심벌이 워낙 널리 알려졌기 때문이다.

가리비는 전 세계적으로 300종 이상이 분포하며, 그중 큰가리비 *Patinopecten yessoensis*는 분류학상 이매패강 굴목 가리빗과Pectinidae에 속한다. 우리나라에는 큰가리비, 국자가리비, 비단가리비 등이 있다. 큰가리비는 영어로 스캘럽scallop, 일본어로는 호다테가이ホタテガイ, 帆立貝라고 부른다. 큰가리비는 참가리비라 부르며, 우리나라 동해안과 일본 북해도, 사할린 및 북부 연안에 한정해서 분포하는 귀한 수산자원이다. 암수가 다른 자웅이체로서 주로 수심 50미터 이내의 세립질 모래 지역에 서식한다. 큰가리비는 부유생물을 여과하여 섭식하며, 2년 정도 성장하면 맛이 가장 좋다고 한다. 반면에 서해안과 남해안에 서식하는 것은 비단가리비다.

가리비는 어떤 조개 무리에서도 볼 수 없는 점프를 하는 것으로 유명하다. 두 개의 패각을 강하게 닫을 때 분출되는 물의 힘으로 전진한다. 물을 분사하는 반동으로 1~2미터까지 날아서 하룻밤에 500미터도 이동한다고 한다. 그만큼 가리비는 힘이 있어 물속을 빠른 속도로 이동하는 것이 가능하지만, 그 대신 걸을 때 이용되는 부족斧足을 잃고 말았다. 부족은 패각 사이에 혀처럼 내민 부분인데, 바지락이나 대합 등에서 본

큰가리비

적이 있을 것이다. 이매패에게는 발 역할을 하며,
모래 속으로 파고들 때 사용된다. 부족을 잃어버린 부
족류에는 가리비 말고도 부착성 패류인 홍합과 굴 등이 있다. 이렇게
쓰지 않으면 퇴화한다. 진화론의 용불용설用不用說이다.

　제철은 12~4월의 겨울에서 봄까지다. 가리비도 키조개처럼 관자 또
는 가이바시라かいばしら 또는 패주貝柱라고 부르는 패각근貝殼根만 먹
는다. 가리비의 큰 패주에는 여성 호르몬 분비를 촉진하는 특수한 성분
이 함유되어 있어 여성의 건강과 미용에 더없이 좋다고 한다.

패주가 주인인 키조개

어렸을 때 시골에서는 성장기 어린아이가 오줌을 가리지 못해서 이불에 지도를 그리면 그 벌로 키를 씌워 소금을 받아 오라고 내보냈다. 혼내고 나무라는 것이 아니라 스스로 창피함을 느껴 습관을 고치라는 것인데, 아이로서는 엄청 창피했을 것 같다. 정과 인심, 공동체 문화가 자리 잡은 시절의 풍습이다. 지금 시대에 아이들에게 이런 일을 시키면 과연 따를까?

곡식의 알곡과 쭉정이를 가를 때 쓰는 키箕와 닮았다 해서 이름 붙여진 조개가 있는데, 키조개*Artina pectinata*다. 속병을 어루만져 준다고 해서 서해부인이라고도 부르며, 영어로는 코움펜셸comb pen shell, 일본어로는 다이라기*タイラギ, 玉珧*다.

《자산어보》에는 '키홍합'이란 명칭으로 다음과 같이 기술되어 있다. "큰 놈은 지름이 대여섯 치 정도이고 모양이 키와 같아서 평평하고 넓으며 두껍지 않다. 실과 같은 세로무늬가 있다. 빛깔은 붉고 털이 있다. 돌에 붙어 있으나 곧잘 떨어져 헤엄쳐 간다. 맛이 달고 개운하다." 현재 밝혀진 생태와 비교해 보자. 키조개는 크기가 25센티미터 정도로 크며, 껍데기가 얇아 잘 부서진다. 수심 20미터 전후의 펄 모래에 밀집하여 서식한다. 무서울 만큼 비슷하다.

키조개 주산지는 서해안의 보령, 서천 연근해와 남해안의 득량만, 여자만 등지이다. 보령에 오천항이 있는데, 이곳이 키조개를 잡는 어선의 입항지다. 키조개 잡이는 다이빙하여 조업하는 근해 잠수기 어업으로, 이 잠수기 어선은 뱃머리에 노란색을 칠해서 멀리서도 쉽게 구분을 할

굴
꼬막
바지락

키를 닮은 키조개

수 있게 했다. 수심이 깊은 바다에 잠입
하여 사는 키조개를 잠수부가 들어가
일일이 캐야 하므로 고되고 험한 작
업이다. 과거에는 머구리라는 우주복
같은 잠수복을 차려입어야 했는데, 지
금은 발달되고 간편한 잠수복과 장비를
이용하여 조업한다. 수산자원을 보호하기
위해 금어기로 지정한 산란기 7~8월을 제외하고
연중 조업이 가능한 키조개는 언제 먹어도 맛있
는 해산물이다. 그래도 제철은 겨울(11~2월)이다.

키조개 관자라고
부르는 패각근

　　조개류는 쫄깃쫄깃한 식감과 함께 다른 식품에는 없는 시원하고 감
칠맛 나는 천연 조미료 성분이 다량 함유돼 남녀노소 누구나 즐겨 먹는
다. 조개는 봄철 된장국 맛을 돋우는 모시조개, 맑은 국으로 끓여 내는
백합, 삶아서 양념장에 무쳐 먹는 꼬막, 미역국에 시원함을 더해 주는
홍합, 살짝 데쳐 회로 먹는 새조개, 날로 먹는 피조개처럼 저마다 적절
한 조리법이 있다. 그런데 키조개는 조갯살 대신 가이바시 또는 가이바
시라라고 부르는 관자, 패주 또는 패각근을 먹는다. 요즘 젊은 층에서는
버터에 구워 먹는 맛을 첫손가락으로 꼽는다. 패주는 단백질이 풍부하
고 정혈 효과가 있어 임산부의 산후 조리에 좋으며, 특히 술에 혹사당
한 간장을 보호하고 정력을 증강하는 데 특효다. 패주 특유의 맛은 글
루탐산과 이노신산 등에서 비롯되며, 열을 가하면 영양가가 손실되므
로 생으로 먹는 것이 좋다.

125

조개의 여왕은 백합

백합*Meretrix lusoria*은 연체동물문 이매패강 백합목 백합과에 속하는 조개로, 그 크기가 커서 보통 '대합'이라고 불리며, 조개의 여왕 대접을 받는다. 나에게는 애증의 기억이 있는, 안타까움이 있는 조개다.

갯벌을 조사하려면 자동차를 타는 대신 직접 걸어가야 하는데, 8월 한여름의 땡볕 아래 그늘도 없는 갯벌에 몇 시간씩 노출되는 것은 쉬운 일이 아니다. 백합 양식을 하는 한 어민이 경운기를 개조해 제작한 갯벌용 특수 자동차는 구세주에 가까웠다. 조개 양식이란 특별할 것이 없고, 갯벌에 치패라 부르는 새끼 조개를 뿌려 놓고 자라면 잡아 오는 것이 전부다. 가둘 수도 없고 먹이를 줄 필요도 없다. 다만 관리 차원에서 멀리 그물을 치고 모여 있는 놈들을 여기저기 흩뿌리는 일을 해야 한다. 수확기가 되면 어촌에 아주머니들을 고용하여 캐 오게 해야 하는데, 이럴 때 필요한 운반용 차량이었다. 우리도 몸빼 입고 두건모자 쓰고 아주머니들 사이에 끼어 타야 했다.

새만금 거전갯벌 패류 자원 현존량(1999년)

구분＼종명	백합	동죽	바지락	가무락조개
단위면적당 개체수 (inds./m²)	0.8	6.6	0.1	0.4
조사지역 개체수 (250,000m²)	200,000	1,650,000	25,000	100,000
어장 개체수 (8,500,000m²)	6,800,000	56,100,000	850,000	3,400,000
평균 체중 (g)	19.8	13.8	11.5	19.7
현존량 (mt)	134.6	774.2	9.8	67.0

시료를 채취하는 조사 지점에 도착하면 장화를 신고 작업하는데, 발이 푹푹 빠져 걷기 어렵고 장화 안에 땀까지 차서 여간 불편한 것이 아니다. 그럴 때는 맨발로 갯벌 위에 서는데, 발가락 사이로 삐져나오는 개펄이나 모래가 처음엔 간질간질하다가 이내 그렇게 편할 수가 없다. 현장 조사에서만 느낄 수 있는 연구자의 특권일 것이다. 거기에 발로 갯벌 바닥을 톡톡 치면 흰 그 무엇이 몽글몽글 올라오는데, 그것이 바로 백합 치패다. 신기하면서도 경이롭다. 거무스름한 펄에 하얀 치패는 진주 보석 같다. 어민은 갯벌에서 갓 잡은 주먹만 한 대합을 칼로 푹 갈라서는 내 입 속에 쏙 밀어 넣는다. 국물까지 후루룩 빨아 먹는다. 입안에 번지는 그 싱싱한 맛이란……. 즉석에서 까 먹어도 질겅거리지 않을 정도니, 굳이 해감이 필요 없다. 자기

갯벌? 개펄?

갯뻘, 갯벌 그리고 개펄. 뭐가 맞는 표현일까? 조개가 사는 갯가에 관한 용어 정리를 하자면, 갯뻘이 아니고 개(바닷물이 드나드는 곳)의 벌판이란 뜻의 갯벌 tidal field이 맞고, 개뻘이 아니고 갯벌에 있는 흙을 뜻하는 개펄slime, silt at tideland이 맞다. 뻘은 벌과 펄의 경음화다. 간석지tideland는 밀물과 썰물 사이에 드러나는 조간대tidal flat를 말하고, 간척지reclaimed land는 바다 주위에 둑을 쌓고 그 안의 물을 빼서 만든 땅을 말한다.

새만금 갯벌에서 많이 잡히던 백합. 어민의 주요 소득원인 고급 조개이다.

우윳빛 국물이 시원한 백합탕

조가비 안에 흙이 들어오는 것을 용납하지 않는 백합의 고고함이 느껴진다. 흰 조갯살이 비너스만큼이나 고혹적이다. 백합을 왜 조개의 여왕이라 부르는지 알 수 있을 것 같다. 조사를 마치고 밖으로 나오면, 동행한 어민의 아내가 기다렸다는 듯이 방금 캐 온 백합으로 백합조갯국을 끓여 내온다. 무슨 조갯국이 우윳빛 국물인가. 진하고 시원한 게 해장에도 그만이다. 이처럼 백합은 나에게 추억의 조개이기도 하다.

조사를 마친 후 허기진 배를 움켜쥐고 들렀던, 부안읍 터미널 옆 허름한 백합죽 식당. 지금 그 식당들은 안녕할까. 이제 더는 백합도 나지 않는 동네에서 어민들은 모두 무얼 하며 살고 있을까. 새만금 간척사업이 결정되면서 어민들은 몇 푼의 보상금에 양식장을 내놓고, 평생의 삶을 일군 새만금을 떠났다. 삶터를 잃은 것이다. 갯벌이 사라지니 백합도 사라지고, 사람도 사라지고, 추억의 음식도 사라졌다. 그 자리에 남은 것은 흉흉한 민심뿐이다.

시간이 흐른 지금은 새만금개발지구 해외투자 유치 실적이 저조해 당초 청사진처럼 개발되지 못했다. 방조제가 만들어진 뒤 관광버스를 타고 찾던 관광객도 이제는 시들해졌다. 더욱이 방조제 안전에 대해서도 계속 문제 제기가 되고 있고, 예측했던 것보다 새만금 수질도 개선되지 않아 관리에 어려움을 겪고 있다. 얼마 전 텔레비전 뉴스에서, 당시 방조제 건설 강행에 찬성했던 학자들이 책임 있는 답변을 피하는 모습을 보면서 안타까웠다. 이제라도 새만금의 길을 다시 물어야 할 처지다.

백합은 다시 돌아올 수 있을까. 서식처를 복원할 수 있어야만 생물자원도 회복된다.

굴

꼬막

바지락

그 많던 조개는 어디로?
새만금의 저주

　　새만금 갯벌은 만경강과 동진강이 유입되면서 하구역에 형성된 사주沙洲다. 두 강에서 풍부한 영양염營養鹽이 유입되고 바닷물과 강물이 만나는 기수역汽水域의 특징이 있어 산업적으로도 유용한 패류 서식에 적합한 장소로, 새만금 간척사업 이전에는 패류 양식장이 밀집해 있던 곳이다. 전체 갯벌의 90퍼센트를 차지하는 전라북도의 패류 생산량은 1990년 6만 1026메트릭톤mt (1메트릭톤은 1000킬로그램)에 이르던 것이 새만금 간척사업 시행 후 1998년에는 2만 1103메트릭톤으로 크게 감소했다.

　　1991년 11월에 첫 삽을 뜬 새만금지구 종합개발사업이 15년 만인 2006년 4월에 물막이 공사가 마무리되면서 군산-김제-부안을 잇는 33킬로미터 새만금방조제가 바다 한가운데로 쭉 뻗어 있어, 자동차로 신나게 달리고 있다. 무려 2조 원을 들여 여의도 면적의 140배에 이르는 401제곱킬로미터 바다가 내해가 되고, 283제곱킬로미터의 간척지가 조성된 엄청난 지각변동이다. 그러나 이 과정에서 갯벌을 보전해야 한다는 환경단체와 개발해야 한다는 농어촌공사의 정부 정책이 충돌하면서 새만금 간척은 뜨거운 감자가 되었다. 시행 중단과 법

개발이라는 미명하에 사라진 새만금 갯벌

정 싸움, 사업 강행을 반복하면서 지역민과 학계가 분열되고 갈등이 일어났다.

그 소용돌이 속에서 나는 당시 군산에 있는 수산연구소에 있었고, 이처럼 급속한 환경 및 생물상의 변화가 관측되거나 예견되는 상황에서 패류 자원 변동을 파악하기 위한 기초 자료를 만들어야겠다는 어쭙잖은 사명감으로 생태조사를 시작했다. 공사 시작 전인 1988년 한 대학의 석사 학위 논문으로 환경영향평가 조사가 제출되었다. 나는 그로부터 10여 년이 지난 2000년, 그러니까 전체 물막이 공정의 50퍼센트 이상이 완료된 시점에 같은 장소에서 같은 방법으로 조사에 착수하여 환경 변화에 따른 생물상의 변화를 모니터링했다. 예상대로 새만금방조제 건설 이후 조류에 따른 해저 지형의 변화로 퇴적물이 지역에 따라 재배치되었으며, 저서생물인 패류의 군집 구조에 영향을 준 것으로 나타났다. 나는 패류의 서식 환경인 퇴적물의 변화가 패류 군집 구조 변화의 일차적 요인으로, 조류의 흐름만이라도 적정하게 유지된다면 패류 자원 보존에 훨씬 효율적이라고 권고했다. 그러나 일개 연구자의 연구 결과는 새만금 논쟁의 격랑에 영향을 주지 못하고, 환경단체의 잘못된 투쟁 방향과 학계가 제시한 과학적 근거의 미비, 연구비에 목줄 잡혀 과학적 시야가 좁은 학자들의 작태가 개발론의 손을 들어 주게 되었다. 무엇보다 지역 개발론에 편승한 호도된 민심이 결정적 요인으로 작용하면서 천혜의 새만금 갯벌은 지구상에서 사라졌다.

굴
꼬막
바지락

"에이, 말짱 도루묵 됐네"

동해안 쪽으로 피난 가서
도루묵을 맛본 임금은 과연
누구일까?

이름의 유래 때문에 도루묵은
으레 맛없다고 생각하지만,
《조선왕조실록》에는 도루묵이
강원도와 함경도의 동해안에서
잡히는 생선으로 조정에 공물로
바치는 지역 특산물이라고
기록되어 있다. 사실 맛이
있다는 이야기다.

산란기 수백 마리 떼 지어 방정,
말짱 도루묵 될라

도루묵

도루묵 이름의 유래에는 민담과 음절의 변화가 함께 섞여 있어 내
능력으로는 그 진위를 밝히기가 어렵다. 다만 도루묵이 그 무엇에서
유래된 것이 아니고, '돌묵어'가 변해 '도루묵'이 되었든 그렇지 않든 간에
이 생선은 백성들 사이에서 이미 도루묵이라고 불렸고, 어느 잘난 식자께서
소리가 비슷한 한자로 바꾼 것이 아닌가 생각된다.

말짱 도루묵?

이래봬도 진상품

어떤 일을 죽을힘을 다해 했다가 한순간의 실수 따위로 허사가 되었을 때, "에이, 말짱 도루묵 됐네……"라고 말하곤 한다. 거기에 왜 이 말이 나왔는지 친절하게 설명까지 한다. 일반적으로 알려진 유래를 옮기면 다음과 같다.

임진왜란이 일어나자 선조가 북쪽으로 피난길을 떠났다. 배가 고팠던 선조는 수라상에 오른 생선을 맛있게 먹은 후 그 이름을 물었다. 임금은 '묵'이라는 생선 이름을 듣고, 맛있는 생선에 어울리는 이름이 아니라며 즉석에서 은어銀魚라는 이름을 하사했다. 전쟁이 끝난 뒤 환궁한 선조가 피난지에서 맛본 은어가 생각나 다시 먹어 보았는데 옛날 그 맛이 아니었다. 형편없는 맛에 실망한 임금이 역정을 내면서 "도로 묵이라고 불러라"라고 해서 도루묵이라는 이름이 생겼다.

해조류 위에 포도송이 같은 알을 다닥다닥 붙여 놓은 도루묵

과학자는 항상 의심의 눈초리로 봐야 한다. 도루묵은 주로 강원도와 함경도, 경상북도의 동해 북쪽 바다에서 잡히는 바닷물고기다. 그런데 선조는 도루묵을 먹을 수 있는 곳으로 피난을 간 적이 없다. 한양을 떠나 임진강을 건너 평양을 거쳐 의주로 갔으니, 실제 피난길에서 도루묵을 먹었을 가능성은 거의 없다. 난리 통에 생물을 동해에서 잡아 진상했을 가능성도 크지 않다. 그러니 그 주인공이 선조는 아니라는 결론이다.

그렇다면 동해안 쪽으로 피난 가서 도루묵을 맛본 임금은 과연 누구일까? 조선시대 인물인 허균이 《도문대작》에서 도루묵이라는 이름의 유래에 관련해서 이전 왕조의 임금을 거론했으니, 그 주인공이 고려 때의 어느 왕일 것이라는 추측이 있다. 이런 연유로 탐문 대상의 폭을 고려와 조선시대로 넓혀 보면, 도읍인 개성이나 한양을 버리고 피난을 떠난 왕은 모두 다섯 명이다. 고려시대에는 거란이 침입해 오자 11세기 현종이 전라도 나주까지 피난을 간 적이 있다. 고려의 23대 왕 고종은 몽고의 침입에 대비해 도읍을 개성에서 강화도로 옮겼고, 31대 공민왕은 홍건적의 난을 피해 경상도 안동으로 갔다. 조선시대에는 16세기 선조가 임진왜란 때 평안도 의주로 피난을 떠났다. 조선의 16대 왕 인조는 세 차례에 걸쳐서 한양을 비웠는데, 정묘호란 때 강화도, 병자호란 때 남한산성, 그리고 이괄의 난 때 충청도 공주로 몸을 피했다.

역사가 이러하니 고려와 조선시대에 도루묵이 잡히는 동해안으로 피난 간 왕은 한 명도 없다. 과학적 사고로 근거를 찾아보니 도루묵은 선조와 관계없는 것으로 판명 났다.

왠지 억울한 그 이름

그렇다면 도루묵과 관련하여 선조 임금이 왜 누명을 썼는지 궁금해진다. 굳이 짐작하자면, 전란을 대비하지 못하고 종묘사직과 백성을 버리고 피신한 왕에 대한 백성들의 원망이 도루묵 이야기와 연결된 것이 아닐까 싶다. "에이, 말짱 도루묵 됐네"라는 자조 섞인 말의 의미를 생각하면 더 심증이 간다. 한 나라의 지도자가 국민을 버리고 자신의 안위만을 챙기는 것은 고금을 막론하고 반복되고 있으니, 이러한 민담은 계속될 것이다.

도루묵의 다른 이름을 살펴보자. 한자로는 목어木魚, 은어銀魚, 환목어還木魚, 도로목어都路木魚라고 하고, 함경도 지방어로 돌묵어 또는 돌목어, 도루무기라고도 부른다. 영어로는 모랫바닥에 산다고 해서 샌드 피시sand fish, 일본어로는 펄럭펄럭이라는 뜻도 있는 하타하타ハタハタ로 부른다. 짐작하건대 은어와 하타하타는 도루묵이 물속에서 은빛의 배를 뒤집으며 노니는 모습에서 붙여진 이름인 것 같다.

허균의 《도문대작》에 기록된 도루묵이라는 이름의 유래는 다음과 같다. "동해에서 나는 생선으로 처음에는 이름이 목어였는데, 이전 왕조에 이 생선을 좋아하는 왕이 있어 이름을 은어라고 고쳤다가 너무 많이 먹어 싫증이 나자 다시 목어라고 고쳐 환목어라고 했다." 한자 '환목어'를 우리말로 풀이한 것이 바로 '도루묵'이라고 할 수 있다.

시장하던 임금이 너무나 맛있게 먹은 생선에게 은빛이 도는 물고기라는 뜻에서 은어라는 이름을 하사했다는 민담이 전해지지만, 조선시대 서유구가 쓴 《난호어목지蘭湖漁牧志》에는 이름의 유래가 다르게 적

도루묵을 바람에 꾸들꾸들 말리는 모습

혀 있다. "물고기의 배가 하얀 것이 마치
운모 가루와 같아 현지 사람들이 은어
라고 부른다." 은어는 임금이 하사한 이
름이 아니라 현지 백성들이 이미 부르던
이름이었다는 것이다.

    결국 도루묵 이름의 유래에는 민담과 음

식감이 별미인 도루묵 알

어민들이 그물에서 도루묵을 떼어 내고 있다.

절의 변화가 함께 섞여 있어 내 능력으로는 그 진위를 밝히기가 어렵다. 다만 도루묵이 그 무엇에서 유래된 것이 아니고, '돌묵어'가 변해 '도루묵'이 되었든 그렇지 않든 간에 이 생선은 백성들 사이에서 이미 도루묵이라고 불렸으며, 어느 잘난 식자께서 소리가 비슷한 한자로 바꾼 것이 아닌가 생각된다.

강릉이 도루묵 알로 덮인 사연

도루묵*Arctoscopus japonicus*은 수심 100~200미터의 모래가 섞인 펄 바닥에 산다. 알래스카, 사할린, 캄차카 반도 해역과 일본 북부 해역, 그리고 우리나라 동해의 북부 해역 등 찬물에 사는 냉수성 어류다.

도루묵의 몸길이는 30센티미터 정도로, 머리 부분은 높으나 점차 가

늘어지며 옆으로 납작하다. 등지느러미는 두 개로 완전히 분리되고, 뒷지느러미가 배에서 꼬리까지 길게 연결된다. 등에는 모양이 일정하지 않은 황갈색 무늬가 있고, 옆구리와 배는 은색이다. 몸에 옆줄과 비늘이 없으며, 주둥이와 눈은 큰 편이다. 우리나라에 1속 1종, 세계적으로는 2속 2종으로 종의 분화가 잘 되지 않았다.

초겨울이 되면 수심이 얕고 해조류가 무성한 곳으로 모여들어 산란을 한다. 도루묵은 태어난 지 3년이 지난 11~12월에 큰 무리를 이루어 모자반과 청각 등의 해조류에 점착성 알을 낳아 붙인다.

도루묵이 먼바다와 연안을 회유하는 시기에 따라 저층트롤(저층 가까이에서 조업하도록 설계 및 장비를 갖춘 어구), 정치망, 자망 등으로 어획하며, 11센티미터 이하의 개체는 포획이 금지되어 있다.

2015년 12월, 동해 최북단 고성과 강릉 해변이 도루묵 알로 뒤덮이는 일이 일어났다. 떠밀려 온 알은 켜켜로 쌓여 썩어 갔다. 해변뿐만 아니고 바다에도 도루묵 알 덩어리들이 둥둥 떠다녔다. 게다가 바다에 쳐 놓은 그물에도 도루묵 알이 달라붙었다.

도루묵 어획량은 1970년 2만 5000톤에서 1990년대 1000~2000톤으로 급감했는데, 2006년 시작된 도루묵 복원 사업 이후에는 5000~6000톤으로 해마다 늘어났다. 이와 같은 도루묵 복원 사업이 성과를 본 데다 최근 어가 하락으로 도루묵 조업이 저조하자 산란할 어미가 급증했다. 거기에다 바닷속 암반에 붙어 있던 해조류가 녹아나는 갯녹음 발생이 심해지면서 알을 낳아 붙일 바다숲이 충분치 않으니, 산란 장소를 차지하지 못한 도루묵들은 그물이나 심지어 수중에까지 마구잡

해변에 밀려온 엄청난 양의 도루묵 알. 산란처 부족이 주원인이다.

도루묵

초겨울의 별미인 도루묵구이

이로 산란하게 된 것이 분명하다. 2015년 12월 10일에는 강원도 양양 동산리 바닷속에서 암컷 도루묵이 모자반에 산란하여 알록달록한 꽃망울 덩어리를 만들었다. 몇백 마리씩 떼를 지은 수놈들은 그 주위를 맴돌며 방정 기회를 엿보다가, 때가 됐다 싶으면 앞을 다투어 알 덩어리를 덮친다. 입을 벌리고 몸을 떨며 정자를 방사하는데 마치 흰 분가루를 뿌린 듯 신비롭다. 비록 엄청난 양의 도루묵 알은 골칫거리였지만.

거참, 기특한지고!

이름의 유래 때문에 도루묵은 으레 맛없다고 생각하지만, 《조선왕조실록》에는 도루묵이 강원도와 함경도의 동해안에서 잡히는 생선으로 조정에 공물로 바치는 지역 특산물이라고 기록되어 있다. 사실 맛이 있다는 이야기다. 도루묵은 주로 구이나 찌개로 조리된다. 산란을 준비하는 초겨울에는 살이 오르고 기름지지만, 그렇다고 비리지 않고 담백하다. 그래서 저칼로리 다이어트 생선이다. 특히 산란을 앞두고 알이 가득 찬 암컷은 그 맛을 최고로 친다. 도루묵 알이 맛있고 몸에 좋다는 소문이 퍼져 우둑우둑 씹어 먹는 사람이 많은데, 씹을 때의 식감은 독특한 경험이다.

20여 년 전, 초임 발령으로 동해수산연구소에서 새벽같이 어망을 걷으러 갈 때였다. 배를 기다리는 동안 추운 바닷가에 화톳불을 피워 놓고 생 도루묵 위에 막소금을 뿌려 가며 구워 먹던 추억이 아련하다.

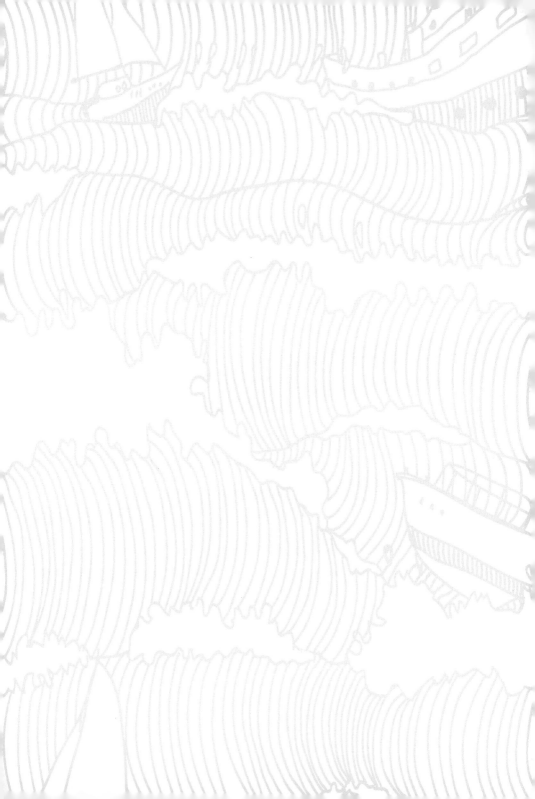

이토록
존재감
넘치는
물고기라니!

2

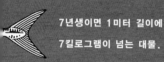 7년생이면 1미터 길이에
7킬로그램이 넘는 대물.

우리가 보통 '등 푸른 생선'이라고 부르는
삼치, 고등어, 다랑어, 방어는 방추형 체형을
가지며 빠른 속도로 멀리까지 헤엄치는 고도
회유종이라는 공통점이 있다.

방어는 덩치가 큰 만큼 횟감으로 뜰
살점이 많고 씹히는 맛이 좋아, 참치
뱃살보다 낫다는 느낌이 들 정도다.
하지만 여름에는 기생충이 있어 개도 안
먹는다고 할 정도이니, 회를 먹는 것도
다 제철이 있다.

바다의 풍운아들,
그 치명적 질주 본능

삼치
와
방어

방어와 삼치는 제주 지역 겨울바다의 진객이다. 방어와 삼치는 겉모습이 조금 다르지만, 겨울철 제주 근처 바다에서 어장을 형성한다는 공통점이 있다. 회로 썰었을 때 방어는 두툼한 식감이, 삼치는 연한 맛이 일품으로 겨울철 대중적인 횟감이다.

젓가락 전쟁을 부르는 등 푸른 생선

늦은 밤, 인천 삼치 골목. 타닥타닥 삼치 굽는 냄새가 사람들을 유혹한다. 연탄불 위에서 익어 가는 삼치가 고소한 냄새와 부드러운 속살로 사람들의 코와 눈을 자극한다. 특히 비라도 내리는 날이면 이 골목 집집마다 손님이 넘쳐 난다. 몇 십 년째 단골인 사람도 많다. 그도 그럴 것이 '삼치 집'으로 통하는 이곳 식당들은 1960년대 후반에 들어서서 40년 넘게 성업 중이다. 가격도 몇 천 원대로 싸다. 그 덕분인지 그 시절 대학이나 직장을 다니던 이들에게는 향수를 불러일으키는 장소로, 사회 초년생에게는 부담 없는 가격에 삼치구이를 놓고 한잔할 수 있는 곳으로 인기다. 손님들마다 각자 좋아하는 부위가 따로 있어 '저는 어느 부분으로 주세요'라고 할 정도다. '봄 춘春' 자를 써서 '춘어'라고도 하는, 등 푸른 생선의 최고봉, 삼치! 삼치구이를 상에 놓기가 무섭게 젓가락 전쟁이 시작된다.

지글지글 잘 구워진 삼치구이

삼치(위)와 방어

한번 먹어 보면 젓가락질을 멈출 수 없을 정도로 폭 빠진다는 삼치 한 점. 여기에 구수한 막걸리를 곁들이면 금상첨화다.

2014년 3월의 어느 경제신문 기사에 따르면, 한 대형마트의 참치 매출이 삼치 매출보다 70퍼센트 이상 높았다고 한다. 2009년 이후 연도별 삼치와 참치의 매출을 집계한 결과, 참치 매출이 2013년 처음으로 삼치 매출을 넘어섰다는 것이다. 삼치 매출을 100퍼센트로 했을 때 참치 매출은 2011년까지만 해도 50퍼센트 수준을 유지했지만, 2013년에는 119퍼센트를 기록해 삼치 매출보다 많아졌단다.

조기, 고등어 등과 함께 대표적인 구이용 생선으로 꼽히는 삼치가 힘을 잃고 있는 것이다. 구운 생선을 밥반찬으로 먹는 한국인의 식습관을 고려할 때 횟감으로만 취급되는 참치 매출이 삼치를 앞지른 것은 매우 이례적인 일이 아닐 수 없다. 2011년 일본 후쿠시마 원전 사고 이후, 수산물 안전성에 대한 관심이 높아지면서 연안에서 잡히는 생선을 기피하는 현상이 생겼고, 주로 원양에서 잡아 오는 참치가 안전할 것이라는 생각이 영향을 미쳤다는 설명이다. 게다가 우리나라 원양어선이 잡는 참치의 90퍼센트는 일본으로 수출해 왔는데, 2013년 엔저 현상으로 일본 수출량이 20퍼센트가량 줄었다. 반면에 국내 유통 물량이 크게 늘어 가격이 저렴해지면서 참치 소비가 늘어났다는 분석이 나온다.

삼치 같은 일정한 패턴을 가지고 반복해서 장소를 이동하는 회유성 어류도 지역마다 지역 계군(같은 종이라도 산란과 섭이를 이유로 지역적 또는 시기적으로 구분되는 종내 집단)이 있어 다른 계군끼리 잘 섞이지 않을 수 있고, 아직까지 우리나라 해역이 방사성물질로 오염되었다는 보고는 없다. 그럼에도 소비자들이 지나치게 우려한다면 수산시장을 위축시킬 수 있다.

7년생이면 1미터 길이에 7킬로그램이 넘는 대물

삼치는 농어목 고등엇과에 속하는 바닷물고기로 우리나라 제주도를 포함한 남해와 서해 남부, 중국과 일본 아열대 해역의 표층에 주로 서식한다. 우리나라 연근해에서 봄부터 여름까지 산란과 먹이 섭취를 위해 연안 또는 북쪽 고위도로 회유하고, 가을부터 겨울까지는 월동을 위해 남쪽 먼바다로 남하한다. 산란기는 수온 12~18도의 4~6월로 서해와 남해 연안에 몰려와 알을 낳는다. 부화 후 3년이 지나면 산란을 시작하는데, 50만~90만 개의 알을 낳는다. 성장 속도는 매우 빨라서

부화 후 6개월이면 30~40센티미터까지 자라고, 만 1년이면 약 57센티미터, 7년이 지나면 103센티미터까지 자라는데 가끔 더 큰 놈이 발견되기도 한다.

삼치는 크기 1미터에 체중 7킬로그램이 넘는 대형 어류이며 날카로운 이빨을 갖고 있다. 몸은 고등어에 비해 가늘고 긴 측편형이며, 얼핏 보기에 비늘이 없는 듯하나 실은 매우 작은 비늘로 덮여 있다.

몸 빛깔은 등 쪽이 회청색이고 배 쪽은 은백색을 띠고 있어, 표층에 사는 물고기임을 알 수 있다. 가슴지느러미와 등지느러미, 꼬리지느러미 가장자리는 검은색을 띠고 있으며, 꼬리자루 위와 아래 정중선에는 고등엇과에서 볼 수 있는 독특한 토막지느러미가 7~8개씩 있어 5개를 가진 고등어와 구분된다. 옆줄은 한 개로 일직선에 가깝지만, 꼬리 쪽으로 갈수록 아래로 내려가 있다. 일반적으로 가오리나 상어 같은 연골어류에는 부레가 없는 반면 경골어류에는 부레가 있어 위아래로 뜨고 가라앉는 데 이용되지만, 삼치는 경골어류인데도 부레가 없다. 아마 유영 속도가 빨라서 자유자재로 상하 이동이 가능하므로 부레가 퇴화된 것이 아닐까 생각한다.

삼치는 어릴 때 갑각류나 어류를 먹다가 성어가 되면서 어류만 먹는데, 주로 멸치와 까나리나 어린 고등어 등을 먹는 육식성이다. 삼치가 이들 청어목 어류를 먹이생물로 많이 먹을수록 빨리 성장하고 생존율도 높다는 보고가 있다. 또한 지난 40여 년 동안 수온이 높을수록 삼치와 고등어 및 멸치의 어획량이 많았던 것으로 나타났다. 이들은 서로 먹이사슬에서 먹고 먹히는 관계지만, 적당한 서식 수온이 주어지면 먹이

어판장에 위판되는 삼치

가 되는 소형 어류와 이를 먹는 대형 어류가 공존하는 것으로 보인다.

삼치*Scomberomorus niphonius*의 학명에서 속명인 Scomberomorus는 라틴어에서 유래한 'scomber(고등어)'와 그리스어 'moros(어리석은)'의 합성어로, 삼치가 고등어를 닮은 것은 맞는데 왜 어리석은지는 알 수가 없다. 아마 가짜 미끼라도 덥석 잘 무는 습성 때문이 아닐까? niphonius라는 종명은 삼치가 일본Nippon 표본으로 처음 이름이 붙여졌기 때문인데, 신종 발견자들은 종종 자기 나라 이름을 붙이곤 한다. 우리나라에서 삼치는 지방에 따라 마어(서해) 또는 망어(동해), 망에(통영), 고시(전남), 사라(경남) 등의 방언으로 불리기도 하지만, 대개 '삼치'라는 표준명으로 통하고 있다.

영명으로는 '킹매크럴King mackerel' 또는 '스패니시매크럴Spanish mackerel'로 부른다. 고등어mackerel보다 큰 고등어 비슷한, 따뜻한 바다에 사는 물고기라는 것이다. 일본에서는 사와라サワラ라고 부르는데, 사하라サハラ, 狹腹라는 말에서 유래되었을 것이다. 삼치의 몸이 측편되어 있기 때문에 배가 좁은 모양을 표현했다.

우리나라 경남 지방에서 '사라'로 불리는 것은 일본 말의 영향을 받은 것으로 생각된다. 아무튼 고등어에 비하여 가늘고 긴 체형에 푸른색의 둥근 반점이 체측에 7~8줄 세로로 줄지어 있어 지어진 이름은 분명하다.

우리가 보통 '등 푸른 생선'이라고 부

푸대접받던 삼치의 반격

오늘날 삼치는 별미로 인정받지만 예전에는 푸대접을 받았다. 서유구는 《난호어목지》에서 삼치를 마어 麻魚 또는 망어 亡魚라 부르며, 그 이름을 싫어해 좋아하지 아니한다고 기록하고 있다. 강원도 관찰사로 부임한 아무개가 삼치 맛에 빠져서, 자신을 그곳으로 보내 준 한양의 정승에게 고마움의 표시로 큼직한 삼치 수십 마리를 보냈다. 삼치를 받아 든 정승은 큼직하고 미끈한 모양새에 만족했지만, 그날 밥상에 오른 삼치 맛을 보고는 그 썩은 냄새에 비위가 상해 며칠 동안 입맛을 잃고 말았다. 그 후 '망할 망 亡' 자를 써 망어라 불렀다고 한다. 쉬 상할 수 있는 삼치를 교통편도 마땅치 않은 시대에 강원도에서 한양까지 보냈으니 당연히 부패했을 것이다. 예나 지금이나 아무리 좋은 생선도 현장에서 제철에 맛보는 것만 못하다.

르는 삼치, 고등어, 다랑어, 방어는 방추형 체형을 가지며 빠른 속도로 멀리까지 헤엄치는 고도高度 회유종이라는 공통점이 있다. 그러나 분류학상으로 고등어, 삼치, 다랑어는 고등엇과에 속하는 반면, 방어는 전갱잇과에 속한다. 고등엇과에는 체고가 낮은 삼치 외에 체고가 높은 다랑어와 중간인 고등어가 포함된다.

우리나라 삼치속 어류에는 삼치, 평삼치, 동갈삼치, 재방어 등 4종이 보고되어 있다. 평삼치는 체고가 상당히 높고 혀 위에 이빨이 있어 삼치와 구별된다. 제주 지방에서 저립 또는 제립으로 잘 알려져 있는 재방어는 2미터까지 성장하는, 삼치류 중 가장 몸집이 큰 초대형급 어종이다. 재방어는 가슴지느러미 윤곽이 둥글고 꼬리지느러미 뒤 윤곽이 반달모양을 이루며, 몸에 뚜렷한 반문이 없고 측선이 몸 중앙에서 아래로 급히 휘어지는 특징과 혀 위에 이빨이 있는 점으로 삼치와 구별할 수 있다. 삼치속은 아니지만 외형이 비슷한 꼬치삼치는 주둥이가 매우 뾰족한 편이고, 줄삼치는 체형이 가다랑어에 가까워 체고가 높고 몸에 막대모양 무늬가 세로로 줄지어 있어 삼치와 구별된다.

고등어와 참치의 중간쯤 방어

방어는 고등어와 참치의 중간을 닮은 물고기로, 겨울철 제주도에서 선상 줄낚시로 많이 잡는 비슷한 모양의 부시리나 잿방어와 같은 과에 속한다. 방어*Seriola quinqueradiata*, Japanese amberjack, ブリ의 학명을 보면 방어를 알 수 있다. Seriola는 '토기 항아리'란 뜻의 라틴어이

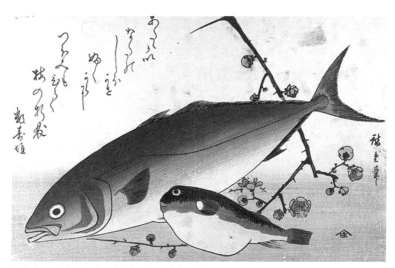

일본의 19세기 화가 히로시게가 그린 방어와 복어

며, 체고가 높은 방추형으로 항아리를 닮아 붙여진 이름이다. 또 다른
영명으로 꼬리가 노랗다고 하여 옐로테일yellow tail이라고도 부르는데,
모양새뿐만 아니라 색깔을 보고 물고기에 이름을 붙인다는 것을 알 수
있다. 방어의 체형은 참치와 비슷하게 대양을 활보할 수 있는 전형적 방
추형이지만 약간 옆으로 납작하다. 제1등지느러미는 아주 짧고, 제2등
지느러미는 매우 길다. 비늘은 작고 둥글다. 몸빛은 등 쪽이 쇳빛을 띤
청색이고 배 쪽은 은백색이다.

방어는 무게에 따라 소방어(2킬로그램 미만), 중방어(2~4킬로그램), 대방
어(4킬로그램 이상)로 구분된다. 수명이 6년 정도이며, 큰 것은 1미터 정도
에 13킬로그램까지 자라는 대형어 중 하나다. 한국, 일본에서 하와이에
이르는 태평양에 분포하는 온대성 어류다. 일본 규슈 – 동중국해 북부 –

방어 떼

넌 누구냐?
방어와 부시리
구별법

방어는 생김새가 비슷한 친구인 부시리*Seriola lalandi*, yellowtail amberjack와 혼동되는 경우가 많다. 둘 다 눈의 위치가 위턱과 일직선상에 있어 상당히 비슷한데, 주둥이 위턱의 생김새와 가슴지느러미, 배지느러미의 길이 차이로 구분할 수 있다. 위턱 뒤쪽 모서리가 각을 이루면 방어, 둥글면 영락없이 부시리다. 그러나 이런 세세한 정보를 알 리 없는 일반인들이 방어와 부시리를 구별하기란 쉽지 않은 일이다. 그럴 때에는 지느러미를 살펴보는 게 도움이 된다. 부시리는 가슴지느러미가 배지느러미보다 짧은 데 반해 방어는 두 지느러미 길이가 비슷하다. 부시리는 심지어 맛도 방어와 유사하다. 그러나 분명 다른 종이며, 정식 일본말도 아닌 히라마스ヒラマサ 또는 히라스ヒラス라고 현지에서 통용해 쓴다.

부시리의 산란기는 4~6월경이고 알은 물에 뜨는 성질의 부성란浮性卵이며, 최대 12년까지 살고 2미터 정도까지 성장하는 초대형 어류다. 18~24도의 따뜻한 연안에서 혼자 지내거나 작은 무리 짓기를 좋아하며, 때로는 바위 주변에서 발견된다. 먹이는 소형 어류, 오징어류, 갑각류 등이다. 몸은 방추형이며 위턱의 뒤 끝이 둥글고, 가슴지느러미는 배지느러미보다 짧다. 몸의 등 쪽은 암청색을 띠며 배 쪽은 희다. 측선을 따라 황색 세로띠가 꼬리자루까지 이어진다. 방어와 구분할 수 있겠는가.

눈의 위치가 위턱과 일직선상에 있는 방어나 부시리와 달리, 아까방어라 부르는 잿방어*Seriola dumerili*, greater amberjack, カンパチ도 방어와 혼동된다. 잿방어는

눈이 등 쪽으로 위턱보다 위에 위치하고 몸통 옆에 눈을 가로지르는 노란색 넓은 띠 줄이 있어 방어와 쉽게 구별할 수 있다. 마찬가지로 최대 2미터까지 자라는 초대형 어류에 속한다. 방어보다 따뜻한 물을 좋아하는 남방계 어류로서 전세계의 온대 및 열대 해역 표층에 서식한다. 우리나라 전 연안, 일본, 황해, 동중국해, 대만, 인도네시아, 남태평양 등에 분포한다. 산란기는 5~8월로 알은 분리부성란(뭉치지 않고 낱개로 분리되는 알)이며, 부화된 새끼는 처음에 표층에서 부유생활을 하다가 성장하면서 바다 위에 떠다니는 해조류 밑에서 자라는데, 몸길이가 10여 센티미터로 자라면 해조류에서 이탈하여 연안의 중층과 하층의 넓은 바다에서 산다. 육식성 어류로서 물속을 활발히 헤엄치면서 어류, 오징어류, 갑각류 등을 잡아먹는다.

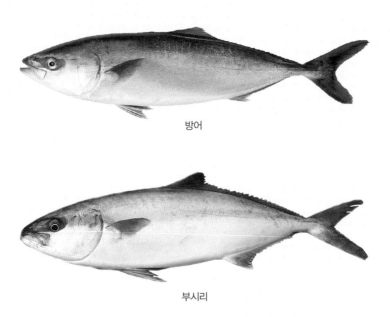

방어

부시리

우리나라 남해에서 2~7월에 산란하며, 1년이면 30센티미터까지 크고 4년이면 80센티미터 정도까지 자라 산란할 수 있을 만큼 성숙해진다. 좋아하는 먹이는 전갱이, 정어리, 멸치, 고등어 등으로 어식성 어류이다. 겨울에 제주 근해에서 월동하다가 봄철이면 연안을 따라 북상하여 여름까지 섭이攝餌 활동을 하며, 가을철 수온이 떨어지면 다시 따뜻한 남쪽으로 내려간다.

겨울 방어의 아성을 잇는 삼치 만나러 출발

연중 따뜻한 수온이 유지되어 우리 바다에서 가장 다양한 수산생물자원을 품고 있는 한반도의 남쪽 섬 제주도. 그중에서도 제주 서남쪽에 위치한 서귀포시 대정읍 모슬포항은 마라도와 가파도 해역에서 올라오는 방어와 자리돔 등의 수산물이 풍성하다. '제일' 만능주의에 빠져 있는 현대적 관점에서 표현하자면, '최남단'이라는 수식어가 붙는 지역으로도 유명하다. 겨울철 살이 통통하게 오른 방어의 대표적 생산지인 모슬포에서는 해마다 11월이면 '최남단 방어축제'가 열려 그 유명세를 더한다. "방어 맛을 모르면 모슬포 사람이 아니다"라는 말이 있을 정도로 겨울 생선 하면 방어, 방어 하면 모슬포가 딱 떠오른다.

방어와 삼치는 제주 지역 겨울바다의 진객이다. 방어와 삼치는 겉모습이 조금 다르지만, 겨울철 제주 근처 바다에서 어장을 형성한다는 공통점이 있다. 회로 썰었을 때 방어는 두툼한 식감이, 삼치는 연한 맛이 일품으로 겨울철 대중적인 횟감이다. 마라도 주변 해역에 방어 어장이

모슬포항 방어축제

형성되면서, 모슬포항에서는 40~50여 척의 외줄낚시 어선이 하루 평균 1000~1500여 마리를 어획한다. 방어 어획량은 매년 변동이 심한 편으로, 풍어일 때는 연 1000톤을 넘는다. 위판 가격은 4킬로그램 이상 대방어가 마리당 5만 원대, 4킬로그램 이하 중방어는 2만 5000원대로 크기에 비해 저렴한 편이다.

그런데 겨울이 지나갈 무렵이면 방어보다 삼치가 더 귀한 대접을 받는다. 겨울의 끝이 방어와 삼치의 임무 교대가 이뤄지는 시기이기 때문이다. 바다에서 조업하는 어민들은 바다에서 나는 생선을 보고 계절을 아는데, 방어 철이 끝나고 삼치가 올라오면 봄이 왔다고 말한다. 고등어나 꽁치 같은 등 푸른 생선이 대부분 동해산인 것과 달리 삼치는 주로 청산도, 추자도, 거문도, 모슬포 등의 서남해안에서 잡힌다. 특히 마라도

이른 새벽 조업에 나선 삼치 어선(위), 그리고 삼치를 잡는 끌낚시와 가짜 미끼

해역에서 잡힌 삼치는 물살이 센 곳을 헤엄치다 보니 근육질이 탄탄해져서 식감이 좋다.

삼치가 이 시기 제주 마라도에서 잡히는 것은 계절에 따른 이동 경로 때문이다. 4~6월에 남서해 연안에서 산란하고, 9~11월에 먹이가 풍부한 남쪽 먼바다로 이동하여 월동하다가, 겨울이 지나면서 다시 북상하여 돌아온다. 11~3월에는 고소한 지방질이 평소보다 40퍼센트나 많아져서 어획도 이 시기에 이루어진다.

이른 새벽 출항한 삼치잡이 어선이 어장에 도착했다. 큰 덩치와 어울리지 않게 성질이 급한 삼치. 자기보다 빠른 무엇이 있으면 기어코 따라잡고 보는 성질을 이용해, 바다에 낚싯줄을 늘어뜨리고 빠른 속도로 움직이면서 잡는다. 예전에는 그물을 펼쳐 잡기도 했지만 요즘엔 산 채로 잡으려고 이런 끌낚시 어법을 많이 사용한다. 삼치 끌낚시 어업은 반짝이는 은박지로 만든 가짜 미끼를 이용한다. 낚시에 가짜 미끼를 달고 배의 속도를 높여 끌면, 그 모습이 마치 물속에서 빠르게 움직이는 멸치 같아서 삼치들이 속아 넘어간다. 멸치를 좋아하는 삼치의 습성을 이용하는 것이다.

삼치잡이는 잠시도 한눈팔 수가 없다. 입질이 언제 시작될지 모르기 때문에 낚시를 드리운 그 순간부터는 줄에서 손을 뗄 수 없는 것이다. 얼마 후 툭툭 치는 듯한 입질이 오고, 드디어 삼치가 모습을 드러낸다. 가짜 미끼로 삼치를 유혹한 뒤 낚싯줄이 팽팽해지는 순간 빠르게 끌어올리는데, 무엇보다 손의 감각이 중요하다. 엄청난 질주 본능을 가진 삼치는 웬만해선 포기를 모르는 녀석이다. 그러다 보니 손맛 역시 타의 추종을 불허한다. 떼로 몰려다니는 삼치의 특성 때문에 한번 물었다 하면 서너 마리는 기본이다. 그렇다고 만만하게 보면 안 된다. 삼치는 몸도 육중한 데다 이빨이 날카로워 자칫하면 부상을 입을 수도 있어 항상 조심해야 한다. 거친 바다가 허락해 준 마라도의 보물, 삼치. 삼치와 바다에 인생을 바친 사나이들의 고달픈 여정이 드라마틱하다.

삼치는 또한 방어와 참치처럼 시속 몇 십 킬로미터의 빠른 속도로 바다를 질주하여 '바다의 풍운아'로 불리는 그룹에 속한다. 헤밍웨이의 《노인과 바다》에 등장하여 괴력을 보여 주었던 새치가 흔치 않은 우리나라에서는 앞으로 삼치의 트롤링낚시(끌낚시)에 관심을 가져 봐도 좋을 듯싶다.

삼치는 성질이 급해 금방 죽어 버린다. 어민들은 삼치의 신선도를 유지하기 위해 잡자마자 급히 항구에 들어와 팔고 또 바다로 나가기를 반복한다. 그래서인지 모슬포 수협 위판장의 경매 방식이 좀 특이하다. 새벽에 나갔던 삼치잡이 배들이 들어오기도 전인 오전 11시께 경매인들이 모여 입찰을 한다. 가장 높은 가격을 적어 낸 사람이 그날 나온 삼치를 전량 수매한다. 어획량이 많으면 그다음 가격을 제시한 경매인이 나머지를 살 수 있다. 이유는 간단하다. 삼치의 특성상 신선도를 잃지 않으려면 바닥에 늘어놓고 경매할 여유가 없다. 들어오는 대로 스티로폼 박스에 얼음을 채우고 포장하여 바로 수송한다. 똑같은 크기의 삼치라고 해도 이렇게 재래식 끌낚시로 잡은 삼치의 맛이 더 좋다고 한다.

제주와 전남 사이에 위치한 추자도에서는 9월부터 이듬해 3월까지 삼치 어업이 이루어진다. 추자수협 소속 10톤 미만의 연안 어선들이 길이 60~70센티미터, 무게 5~7킬로그램의 튼실한 삼치를 잡는다. 삼치는 제주에서 인기 있는 어종으로 회를 비롯해 소금구이, 조림, 찜 등으로 다양한 맛을 느낄 수 있다. 삼치는 보통 저렴한 생선의 대명사로 알려져 있지만 추자도 삼치는 다르다. 추자 인근 해역에서 잡히는 삼치는 일본 수출이 80퍼센트가량을 차지하고 나머지가 내수용으로 나간다. 2012년도 이전까지 삼치 가격은 킬로그램당 1만 1000원으로 제값을 받았으나, 2014년 이후부터 7500원까지 크게 떨어져 어민들의 한숨이 깊어지고 있다.

추자 선적 채낚기어선 70여 척은 최근 척당 100킬로그램의 삼치를 잡고 있다. 우리나라 연안에서 삼치 어획량은 연간 3~4만 톤 정도이다. 그중 제주에서 500~700톤, 모슬포에서 100~200톤 정도를 어획한다.

제주 북쪽 남해안에 위치하는 완도군 청산도. 이곳에서는 제주보다 한발 앞서 9월부터 삼치잡이가 시작된다. 1960~1970년대에는 삼치잡이 배가 청산도 앞바다를 가득 메우고, 선착장은 비릿한 삼치 냄새로 가득했다고 한다. 그 시절과 비교할 수는 없겠지만, 지금도 청산도 바다는 풍성한 먹을거리를 내주는 황금어장이다. 이곳에서는 기다란 대나무에 연결한 낚싯줄을 바다에 늘어뜨리고 빠른 속도로 움직이면서 삼치를 잡는다. 배 양옆으로 대나무를 매어 두고 줄 한 부분을 굵은 고무줄로 묶어 두는데, 삼치가 물면 그 무게 때문에 고무줄이 늘어난다. 이때 배의 속력을 줄이면서 빠른 동작으로 줄을 당기면 낚시에 매달린 커다란 삼치가 몸통을 퍼덕이며 올라온다. 고기가 언제 물지 모르니까 줄을 계속 잡고 있어야 한다. 삼치 어장을 찾을 때까지 바다를 돌며 기다림의

삼치 '황금어장'이라 불리는 완도군 청산도 앞바다

시간을 보내야 하는 것이다. 드디어 삼치 입질이 시작됐다. 줄줄이 올라온다.

특히 청산도에서는 1.5킬로그램은 되어야 삼치로 쳐 주는데, 이 크기가 일본으로 수출할 수 있는 하한선이란다. 그 이하는 '고시'로 불리고 삼치로 보지 않을 정도다. 얼마나 규모가 크고 성대했던지 교과서에 실릴 만큼 유명하던 청산도 삼치 파시波市(바다 위에서 열리는 생선 시장). 이제는 바다도 삼치도 예전 같지 않지만, 아직도 기억 속에서는 만선의 희망이 가득하다.

10킬로그램짜리 큰 방어는
10여 명이 함께 먹어야 제맛

제주에서 여름을 나기 위해 자리돔을 먹어야 한다면, 겨울을 나기 위해서는 방어 신세를 져야 한다. 요즘에는 제주 사람만 아니라 뭍사람들도 방어를 맛보기 위한 식도락 여행으로 제주를 찾는다. 방어는 2~6월이 산란기로, 맛이 좋은 때는 11~2월이다. 산란을 앞둔 겨울 방어는 '한寒방어'라고 따로 부를 만큼 맛이 유별나다. 이때쯤이면 10킬로그램이 넘는 대방어도 흔하게 잡힌다. 덩치가 큰 만큼 횟감으로 뜰 살점이 많고 씹히는 맛이 좋아, 참치 뱃살보다 낫다는 느낌이 들 정도다. 하지만 여름에는 기생충이 있어 개도 안 먹는다고 할 정도이니, 회를 먹는 것도 다 제철이 있다. 11~2월이면 따뜻한 남쪽에서 월동하기 위해 비교적 먼 바다를 회유하는 까닭에 몸에 지방이 많아져 살이 부드럽지만 겨울이 지나는 3월부터는 몸에 기생충이 있어, 주로 겨울철에만 먹을 수 있는 것이다.

방어는 치어를 채집해서 양식을 하기도 한다. 성장 속도가 빠르기 때문에 몇 달만 잘 키우면 1킬로그램 정도로 자란다. 하지만 온대성 어류이기 때문에 겨울 전에 모두 출하해야 한다. 남해 일대에서는 정치망定置網(자리그물)으로, 부산 일대에서는 선망旋網(두릿그물)으로 잡는다.

제주도에서는 주로 연안채낚기로 잡는다. 온대성 어류인 방어는 대표적인 붉은 살 생선으로, 일본에서는 양식량이 제일 많은 어종이다. 한편 부시리는 4~6월에 산란하며, 연안 가까이 살면서 운동성이 강해 살이 단단하므로 여름 이전까지는 회로 먹을 수 있다. 잿방어는 5~8월에 산란하며, 1.9미터까지 자라고 그 식감이 좋다.

방어는 클수록 맛이 좋다. 대방어는 하얀 뱃살, 붉은 속살, 지느러미 부근의 담기골살(등지느러미와 꼬리지느러미의 줄기를 받치는 부위의 살), 꼬리살 등 부위별로 맛볼 수 있다. 중방어나 소방어는 이렇게 부위별로 맛을 보기가 어렵다. 그래서 방어를 제대로 맛보려면 10여 명이 어울려 먹어야 한다. 일정 크기를 넘어서면 맛과 향이 떨어지는 다른 어종과 달리, 방어는 크면 클수록 맛이 좋은 이유가 여기에 있다.

방어를 잡아 회를 치는 것을 보고 있노라면 드라마틱하다는 생각이 든다. 갇혔던 수족관에서 나오는 순간 본능적으로 운명을 읽었을까. 바닥에 내려놓자 펄쩍펄쩍 뛴다. 안주인은 나무망치를 들어 익숙한 솜씨로 방어 머리를 때린다. 방어가 부르르 떨고 조용해지면, 바로 아가미 안쪽에 칼을 꽂아 피를 빼낸다. 회 맛을 결정하는 첫 번째 관문을 통과

방어회

한 것이다. 다음은 칼질이다. 활어회는 얇고 넓게 썰어 내야 한다. 피를 빼낸 후 즉시 칼질을 해야 가능하다. 숙성된 후에는 두껍게 썬다. 식감을 고려해 두께를 조절하는 것이다. 방어는 특히 일본에서 선호되는 횟감이다. 나는 지인에게 방어회를 먹을 때 꼭 눈 주위를 먹어 보길 권한다. 젤라틴이 풍부해 쫄깃하기 때문이다. 그러나 방어는 지방이 많은 생선이므로 많이 먹지 않는 게 좋다.

  방어는 가다랑어 다음으로 비타민 D가 풍부하다. 비타민 D는 체내에서 칼슘과 인의 흡수를 도와주기 때문에 고혈압, 동맥경화, 심근경색, 뇌졸중 등 순환기계 질환은 물론 골다공증과 노화 예방에도 좋은 것으로 알려져 있다. 방어에는 DHA와 EPA 같은 불포화지방산이 많고, 불포화지방산의 산화를 방지하는 비타민 E와 나이아신도 들어 있어 피부 활성화에 효과가 있다. '살짝 기름지고 진한 맛'을 제주 말로 '배지근하다'라고 한다. 회를 별로 좋아하지 않는 사람들도 이 배지근한 맛 때문에 한번 방어회를 먹으면 그 맛을 잊지 못한다. 어쨌든 냉동 참치밖에 먹을 수 없는 우리나라에서 겨울철 제주에서 회로 맛볼 수 있는 '히라스'는 참치 대용 이상이다.

조선 사람이 먹기에는 아까운 삼치?

바다의 펄떡이는 생명력을 품고 우리를 찾아온 삼치. 맛도 영양도 크기도 타의 추종을 불허하는 기특한 생선이다. 겨울 제주도는 푸르른 영양 덩어리 삼치로 가득하다. 삼치는 커다란 몸 가득 단백질을 품고 있어 소고기보다 더 맛이 좋다고 할 정도다. 일제강점기 당시만 해도 이 삼치가 조선 사람이 먹기에는 아까운 생선이라 해서 잡히는 족족 일본으로 건너갔다고 한다. 광복 이후에도 남해 바다에서 잡힌 삼치는 대부분 일본으로 수출됐는데, 아마 그 시대에 살았다면 삼치 맛도 못 봤을 것이다. 그 생각을 하니 벌써 억울해진다.

사실 보통 생선들과 달리 삼치는 살이 물러서 횟감으로 많이 이용하지 않는다. 그래서인지 삼치가 정말 맛있는 생선인데 그 매력을 모르는 사람이 의외로 많다. 고등어보다 세 배나 맛있어서 이름에 '삼' 자가 붙었다는 말이 있을 정도다. "삼치 한 배만 건지면 평안 감사도 조카 같다"는 속담은, 맛이 좋아 높은 가격에 팔린 삼치가 한밑천 톡톡히 건질

수 있는 생선이었음을 말해 준다.

육질이 연하고 부드러운 삼치회는 치아의 도움 없이도 즐길 수 있다. 특히 지방 함량이 높은 은백색을 띤 배 쪽 배받이살의 맛은 가히 최고다. 구이, 조림, 찜, 튀김 등 가열해 조리하면 맛이 고소하고 부드럽다. 또한 고등엇과 생선 중 유일하게 비린내가 없어 아이들도 좋아한다. 살이 단단하며 탄력과 광택이 있고 통통하게 살이 오른 것이 좋다.

삼치는 지방 함량이 높은 편이지만 EPA와 DHA라는 오메가-3 지방산 같은 불포화지방이 많이 함유되어 있기 때문에 노인들의 치매 예방, 기억력 증진, 고혈압 예방에 효과적이다. 오메가-3 지방산과 열량은 고등어가 삼치보다 많지만, 비타민 D는 고등어보다 삼치가 두 배가량 많으므로 뼈가 약한 사람은 삼치를 자주 먹는 게 좋다. 또한 삼치에 많이 함유된 비타민 B_2와 나이아신은 피로 해소에 좋고 설염, 피부염, 심장병 예방에 도움이 된다.

얼마 전 우리나라에서 유일하게 바다와 수산에 관련한 프로그램을 해 오고 있는 지역의 한 방송국에서 출연 요청이 왔다. 가깝고 친숙하지만 잘 알려지지 않은 우리나라 바닷물고기에 대한 알짜 정보를 스토리텔링 방식으로 전달하는 프로그램이었다. 물고기의 생태와 신비는 물론 문화와 역사, 그리고 연구 현장에서 겪은 일화까지 바다와 물고기에 대해 풀어낸다는 콘셉트다. 나는 그 프로그램에서 다양한 제철 수산물, 그중에서도 삼치를 맨 먼저 소개했다.

촬영 중에 삼치 요리를 소개하려고 들른 제주의 한 삼치 전문 식당. 살이 연하고 지방이 많아 산지가 아니면 회로 즐기기 어렵다는 삼치회를 맛보기로 했다. 회를 뜨는 과정도 곁에서 지켜보았다. 먼저 비늘을 조심스레 벗겨 내고 회를 써는데, 워낙 살이 부드럽고 물러서 숙련된 손길이 아니라면 회가 부서지고 만다. 그래서인지 다른 회와 다르게 결을 거슬러 두껍게 썬다.

흔히 삼치는 씹지 않고 혀로만 즐긴다는 말이 있다. 삼치회를 먹어 보면 그 말이 제격이란 걸 알 수 있다. 보통 생선회는 쫄깃한 식감 때문에 많이 먹는데, 삼치는 부드러운 살점이 입 안을 가득 감싼다. '살살 녹는다'는 표현이 딱이다. 삼치회는 다른 회와 달리 간장 양념을 찍어 밥에 싸 먹기도 한다. 때에 따라 묵은 김치나 신 파김치를 곁들인다. 그런데 제주 이 식당의 비법은 따로 있었다. 바로 숙성이다. 추자도 주민들은 삼치를 집안 구석에 걸어 놓고 수시로 쓱싹 썰어 먹는 전통이 있는데, 이 식당은 그 전통 비법을 그대로 따른다. 그래서인지 육질이 더 부드럽다.

또 다른 식당에서는 시쳇말로 퓨전 삼치 요리를 선보인다. 삼치깐풍기, 삼치스테이크, 삼치추어탕 등등 요리도 다양하다. 전통적인 생선 요리을 싫어하는 신세대의 입맛에 맞는 음식을 개발한 것이다. 그러나 이 식당의 별미는 역시 회다. 밀감백김치를 만들어 회와 함께 먹는 맛이 일품이다. 귤의 상큼함과 삼치의 부드러움이 의외로 잘 어울린다. 세상이 변하고 그에 따라 입맛도 달라지듯 음식도 진화한다.

삼치 역시 방어처럼 큼직하고 살이 통통하게 올라야 제맛이 난다. 삼치회가 대중화된 지 10여 년. 잡히면 바로 죽어 버리는 삼치의 특성상 청산도, 추자도, 거문도 등 해안가에서만 생것으로 먹어 오다 냉장 시설

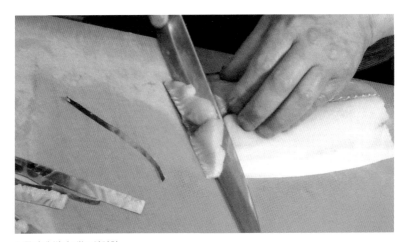
두툼하게 썰어 내는 삼치회

이 발달하면서 다른 지역에서도 신선한 삼치회를 먹을 수 있게 됐다. 횟집에서 삼치회는 선어를 사용한다. 보통 섭씨 1~3도 정도에서 보관한다. 요즘은 일반인들도 집에서 냉동을 해 두었다가 참치처럼 썰어 먹기도 한다. 그래서 삼치회를 참치회로 착각하는 경우도 더러 있다고 한다.

살이 연하고 지방이 많은 삼치는 다른 생선에 비해 유난히 부패 속도가 빨라 산지가 아니면 회로 즐기기 어렵다. 그래서 육지에서 주문을 해 놓고 제주까지 비행기로 날아와 먹고 가는 이들이 있을 정도다. 부드러운 식감에 담백한 맛으로 최근 미식가들에게 많은 사랑을 받고 있는데, 가격까지 부담 없으니 '회의 미덕'을 고루 갖췄다 하겠다.

봄은 삼치, 제주 바다에서 온다!

177

옛 그림 속
낚시 현장

벼랑을 타고 자란 나무 아래 낚시꾼 두 명이 앉아 담소를 나누고 있다. 절경 아래 자리한 낚시꾼들의 해맑은 표정이 살갑게 느껴진다. 바로 김홍도가 그린 〈조어산수釣魚山水〉(1796년작)다. 그림을 자세히 들여다보면 나무와 돌부리, 작은 구릉이 보인다. 계곡인 듯싶다. 한 사람은 삿갓을 쓰고 한 사람은 소매와 바짓단을 걷어붙인 것으로 보아 햇살이 뜨거운 늦봄이나 초여름일 것이다. 이들이 낚싯대를 드리우고 낚는 것은 무엇일까. 이런 계곡의 여울에서 낚을 수 있는 어종은 붕어나 잉어, 메기, 가물치가 아니라 피라미나 쏘가리, 꺽지, 산천어, 어름치, 열목어 등이다. 지금이야 낚시가 취미이고 레저이지만 옛

김홍도의 〈조어산수〉

김홍도의 〈고기잡이〉

그림 속 사람들에게는 고위 관직이 아닌 다음에야 생계이고 먹고사는 일일 수밖에 없을 터. 당시 낚시는 굶주린 배를 채우고 영양을 보충할 수 있는 절박한 수단이었다.

김홍도의 또 다른 작품을 보자. 지자요수 인자요산知者樂水 仁者樂山, 즉 '지혜로운 자는 물을 좋아하고, 현명한 사람은 산을 좋아한다'고 하였다. 하지만 실제 풍류를 즐기는 선비들에게 산속 계곡은 찾기 쉽지만 바다를 찾기는 그리 쉽지 않았으리라. 그래서 그런지 고서화 중에 바닷가를 소재로 한 그림은 많지 않다. 백성들 속으로 들어가 풍속화를 남긴 김홍도가 유일하게 바다에서 생업으로 고기잡이하는 풍경을 그렸다. 오늘날 고급 멸치를 생산하는 남해 죽방렴竹防簾이 그 모델이다. 죽방렴이란 이름 그대로 대나무로 발을 쳐 놓고 조석潮汐에 따라 밀물과 썰물이 드나들 때 함께 헤엄치다가 걸린 물고기를 잡는 어법이다. 조선시대에 이런 그림이 그려진 것만 봐도 죽방렴은 전통 어업이며 자연 친화적인 어법임이 분명하다. 울타리 안에 사람이 들어가 있고 노 대신 바지랑대를 사용하는 것을 보니, 썰물 때 물이 빠져 수심이 낮은 것으로 보인다. 가운데 배 안 부뚜막에 솥을 걸어 놓은 모습을 보고, 멸치를 배 위에서 바로 삶아 냈는가 생각했는데, 아뿔사! 채반 소쿠리가 없다.

이번엔 우리나라 미술사에 달랑 그림 한 장만을 남긴 화가 현진의 작품 〈조어釣魚〉(제작연도 미상)다. 수면 가까이에 훤히 떠 있는 보름달 아래 한 낚시꾼이 바닷가 갯바위에 올라 낚시를 하고 있다. 내가 바닷가 갯바위 낚시라고 단언하는 것은 과학적 유추가 가능하기 때문이다. 계곡이라면 낮게 뜬 둥근 달이 주변 산등성에 가려 온전히 보이지 않았을 테고, 잔잔한 호수라면 수면에 솟아오른 바위 주변에 물살이 생기지 않았을 것이다. 더욱이 주위에 나무 한 그루, 풀 한 포기 없다. 영락없이 바닷가다. 그럼 어디 바다인지 추론해 볼까? 일단 조석

현진의 〈조어〉

방희용의 〈제월독조〉

이 큰 서해는 아니다. 보름달이 뜰 때면 달의 인력이 센 사리大潮, spring tide 때로 조차潮差가 커서 조류潮流가 세다. 당연히 낚싯대를 드리우기가 쉽지 않다. 남해와 동해가 그나마 조차가 덜 세긴 한데, 어쩐지 동해 시퍼런 물가에 엉덩이 붙이고 낚싯대를 던지지는 않았을 것 같다. 아마도 그림 속 낚시꾼은 남해 어느 갯바위에 앉아 있는 것일 게다. 팔과 다리를 반쯤 걷어붙이고 한창 온몸의 촉수를 세우고 있는 것으로 보아 여름철일 가능성이 크다. 보름달이 낮게 떠 있는 것으로 봐서 아주 늦은 시간은 아니리라. 이 시기 남해안에서 잡을 수 있는 물고기들은 쥐노래미, 조피볼락, 볼락, 문치가자미, 도다리, 감성돔 정도 아니었을까?

그런가 하면 날이 추운지 두꺼운 두루마기를 껴입고 갓벙거지를 쓴 채 나룻배에 홀로 앉은 낚시꾼의 모습도 있다. 바로 화가 방희용의 그림 〈제월독조霽月

獨釣〉(제작연도 미상)다. 그림 속 남자는 졸고 있는 건지 생각에 젖은 건지 두 눈을 지그시 감고 있다. 조급함이 전혀 없다. 여유 가득한 풍채다. 빗물 때문에 물이 불어난 강가에서 달빛과 바람을 맞으며 낚시하는 그림 속 은일자隱逸者. 옛 선 비에게 낚시는 세월을 낚는 운치와 풍류이기도 했다. 이 고서화에서는 무슨 고 기를 잡느냐를 논하는 것이 쓰잘머리 없다. 그림에서 절로 전해지는 맑고 깨끗 한 마음가짐이 다 했기 때문이다.

동서를 막론하고 옥돔의
반짝거리는 붉은 비늘은 눈길을
끌기에 충분하다.

우리나라에 사는 물고기
중 니모를 가장 많이 닮은
물고기로는 아마도 흰동가리를
들 수 있다. 꼬리지느러미가
노란색을 띠어 영어로는
옐로테일클라운피시라고
부른다.

도밋과에 속하는 어류들은 우리나라와
일본에서는 최고의 어종으로
대접받는다. 회나 찜 등 입맛을
돋우는 요리용으로도 그러하지만
부모님의 무병장수를 비는 회갑연에는
반드시 올려야 했다.

제주 그 다금바리는

다금바리가 아니다

돔과

다금

바리

우리나라 물고기에는 '돔' 자 항렬이 많다. 그런데 이 돔 또는 도미라는 글자가 붙은 물고기는 대부분 가시지느러미, 즉 극조를 가지고 있다.

이러한 돔류는 몸과 머리는 옆으로 납작하고 체고가 높은 것이 특징이다.

예전부터 '어두육미 魚頭肉尾' 또는 '어두일미 魚頭一味'라는 사자성어의 유래가 궁금했는데, 혹자에 의하면 어두육미는 물고기와 육고기의 몸통을 얻을 수 없었던 사람이 소위 부속에 해당하는 머리와 꼬리 부분을 먹으며 자위한 데서 유래했다고 한다. 해학이 깃든 이야기다.

제주에 왔는가, 먹어는 보았는가

돔과
다금
바리

2014년 나는 혈혈단신 육지를 떠나 제주에 살면서 평소 접해 보지 못했던 어류들을 만났다. 주변 사람들은 아름다운 평화의 섬 제주에 가는 것을 부러워했지만, 당시 내 심정은 정약전 선생이 흑산도에, 김려 선생이 진해에 유배되어 바닷가 생물들과 조우하는 딱 그런 기분이었다. 재래시장을 돌거나 바닷가를 거닐다 보면 이름에 유독 '돔' 자 붙은 놈들이 많았다. 제주의 대표적인 구이 생선 중 하나인 옥돔, 여름에 시원하게 먹는 자리돔, 어찌나 예쁜지 관상어로 각광받는 흰동가리, 맛 하나만큼은 둘째가라면 서운할 참돔, 낚시 입질로 사랑받는 감성돔 등이 그것이었다. 그런가 하면 '돔' 자는 붙었으되 도미는 아닌 돌돔, 크기가 어마한 심해어 돗돔, 다금바리라는 남의 이름을 뒤집어쓴 자바리도 제주에 살았기에 만날 수 있었다.

187

반짝거리는 붉은 비늘, 옥돔이라 하옵니다

제주도로 여행을 다녀왔다면 한번쯤 먹어 본 생선 요리 중 하나가 옥돔구이일 것이다. 옥돔*Branchiostegus japonicus*(옥돔과)은 말의 머리를 닮았다 하여 영어로 호스헤드horsehead라고 하며, 붉은 타일을 바른 것처럼 항상 아름다운 색을 나타낸다 하여 레드타일피시red tilefish로도 불린다. 우리나라에서도 '구슬 옥玉' 자를 쓰는 것을 보면, 동서를 막론하고 옥돔의 반짝거리는 붉은 비늘은 눈길을 끌기에 충분하다. 옥돔은 수산시장 좌판에서도 쉽게 눈에 띈다. 일본에서는 단맛이 나는 붉은 생선이라는 뜻의 '아카아마다이アカアマダイ'라고 부르듯 그 맛 또한 일품으로 구이뿐 아니라 미역국, 조림, 죽, 회 등 옥돔을 가지고 해 먹지 못할 요리가 없다.

옥돔의 형태를 자세히 살펴보면, 체형은 비교적 직사각형으로 옆으로 납작하며 이마 부분이 심하게 휘어져 있어 말의 머리를 연상하게 한다. 몸 색깔은 대체로 붉은빛을 띠며, 가슴지느러미 끝 바로 위에 황색 가로줄 무늬가 2~3개 있다. 머리는 전체적으로 붉고 눈 뒤 가장자리에 삼각형의 흰색 무늬가 선명하게 나타나는 것이, 유사종인 옥두어류와 구별되는 특징이다. 머리의 등 쪽 정중선에는 한 개의 검은색 띠가 눈 사이에서 등지느러미 앞까지 보인다. 꼬리지느러미에는 3~4줄의 황색 세로띠가 선명하게 나타나며, 상반부는 붉은빛을, 하반부는 회청색을 띤다.

옥돔은 수온 16~20도의 따뜻한 해역에 바닥이 모래질 또는 모래진흙인 20~150미터 수심에서 주로 살며, 10~11월의 수온 18도 전후로

제주 특산물로 손꼽히는 옥돔

영양 풍부한 옥돔미역국

100미터 정도의 깊은 수심에 산란하는 것으로 알려져 있다. 다 자라면 45센티미터까지 성장하며 6세까지 산다고 보고되었지만, 옥돔에 대한 생태학적 연구가 미미하여 수산 자원 관리를 위한 정보가 요구된다.

옥돔은 고급 어종으로 살이 매우 희며 맛이 좋아 다양한 요리로 활용된다. 특히 옥돔미역국은 비린 맛이 전혀 없는 데다 맛이 시원하고 담백하여 해장국으로 좋다. 제주도에서는 산후 몸조리에 특효가 있다 하여, 미역을 넣고 끓인 생옥돔국이 여성들에게 인기 있는 메뉴이다. 몸의 필수 구성 성분인 단백질과 미네랄이 풍부하여 성장기 어린이나 입맛을 잃은 노인들에게 좋고, 칼로리가 낮아 다이어트 식품으로도 제격이다.

제주산 옥돔은 제주도에서 양식 넙치, 갈치, 참조기에 이어 네 번째로 수익을 올리는 고부가가치 수산물이다. 옥돔과에 속하는 어류로 옥

내가 옥돔으로 보이냐

제주도 모슬포에서 흑돔이라 부르는 등흑점옥두어는 흡사 쌍둥이처럼 옥돔과 생김새가 닮았다. 최근 어획량이 증가한 데다 가격도 옥돔의 70퍼센트 정도여서 자원이 감소한 옥돔을 대체할 수 있는 새로운 어종으로 급부상 중이다. 등흑점옥두어의 최대 체장은 40센티미터 정도이고, 성숙 연령은 2~3세이며, 생물학적 최소 체장은 19센티미터다. 체장 21~27센티미터가 주로 기선저인망에서 어획된다고 한다. 현재 잡히는 크기가 무리의 절반이 산란을 할 수 있는 '최소 성숙 크기'보다 크므로 아직은 자원 관리에 적합하다. 몸은 길고 납작하며 머리 앞부분이 급경사를 이뤄, 언뜻 보면 옥돔과 구별하기 어렵다. 그러나 자세히 보면 눈 아래에서 위턱까지 두 개의 흰색 줄무늬가 이어져 있어, 눈 뒤에 삼각형의 은백색 무늬가 있는 옥돔과 분명 다르다. 몸의 등 쪽은 담적색을 띠어 황갈색인 옥돔과 다르며, 등지느러미에 검은 반점이 세로띠를 이루고 가슴지느러미와 꼬리지느러미 위 가장자리가 검은색을 띤다.

옥돔과 생김새가 비슷한 등흑점옥두어

돔, 옥두어*Branchiostegus albus*, 등흑점옥두어*Branchiostegus argentatus* 등이 있는데, 생김새가 비슷한 이들을 건조하면 옥돔과 나머지를 구별하기가 어렵다. 그래서 옥두어류는 제주산 옥돔의 상품 가치를 떨어뜨리는 주범으로 지목돼 왔다. 실제 제주시 동문 재래시장에서는 관광객이 수산물 좌판에 펼쳐진 옥돔을 두고 진짜 제주산인지 상인과 승강이를 벌이는 경우가 있었다고 한다. 그러던 차에 연구 기관에서 옥돔과 옥두어류를 가려내는 DNA 분자 마커를 개발하면서 옥돔의 진위를 쉽게 판별할 수 있게 되었다. 상인들 또한 자체 정화를 통해 이러한 의문을 해소했다고 하니, 이제 안심하고 구입할 수 있을 것이다.

지역마다 다른 자리돔의 미묘한 차이

제주에서 여름에 물회를 찾으면 자리돔*Chromis notata*(자리돔과)을 썰어 만든 자리물회를 추천한다. 제주도 사람들은 자리돔 잡는 것을 '자리 뜬다'라고 하는데, 제주 고유의 뗏목 '테우'라는 전통 배를 타고 그물을 던져 떠내는 방식으로 고기를 잡아 왔기 때문이다. 자리돔은 돌돔, 감성돔, 참돔 등 '돔' 자 항렬을 쓰는 사촌 중 몸집이 가장 작다. 이 몸집 작은 물고기로 만든 요리 중 가장 대표적인 것이 자리돔물회다. 자리돔을 뼈째 썰어 갖은 양념을 넣어 무친 다음 물을 부어 먹는데, 제주를 대표하는 여름철 냉국이다. 원래는 먹을 것이 마땅치 않은 여름 어로 현장에서 먹던 구황식이었지만, 지금은 제주의 별미로 손꼽히는 향토음식이다. 유채꽃이 피는 봄부터 뼈가 여물지 않아 뼈째 썰기 좋은 자

자리돔물회

리를 잡아 요리해 먹는다. 담백하고 기름기가 적어 소화가 잘되므로 와 병 후 회복기 환자에게 좋고, 열량이 낮아 비만인 사람에게도 적합하다.

푹푹 찌는 여름, 협재해수욕장 앞 비양도 어촌계장 아주머니가 집에서 말아 준 자리물회 맛은 지금도 잊을 수가 없다. 세꼬시처럼 뼈째로 써는데, 아주 얇게 썰어 억세지 않게 하는 것이 관건이다. 시원하게 얼음 동동 띄워 물에 만 자리물회를 한입 떠 넣고 씹으면, 꼬들꼬들한 식감 뒤에 남는 향의 여운이 제맛이다.

자리돔의 몸은 길쭉한 난형이며 옆으로 납작하다. 눈은 몸 크기에 비해 큰 편이며, 입은 작고 둥글다. 등 쪽과 아가미덮개는 암갈색이고, 가슴은 청색을 띤 백색이다. 가슴지느러미 아랫 부분에는 동공 크기의 청흑색 반점이 있다. 한 연구 결과에 따르면, 제주와 신안에서 출현하는

자리를 지키고 있다고 해서 자리돔

자리돔 개체군 사이에는 이 반점 크기에 차이가 있는데, 제주 자리돔의 반점이 신안의 그것보다 상당히 크다고 한다. 이렇게 지역 계군이 나뉜 것을 보면, 자리를 지키고 있어서 자리돔이라고 이름 붙였다는 유래가 이해할 만하다. 실제로 제주 사람들은 도내에서도 잡히는 생산지에 따라 자리돔을 달리 평가한다. 외해와 접해 있어 물살이 센 모슬포에서 잡힌 자리돔은 가시가 억세고, 같은 서귀포시지만 보목 앞바다에서 잡힌 자리돔은 뼈가 부드럽다고 구분을 할 정도다. 자리돔은 산호나 바위가 많은 지역에 무리를 지어 살며 6~7월에 산란하는데, 암컷이 알을 낳아 암반에 붙이면 수컷은 부화할 때까지 지킨다. 부성애가 큰 어류다.

우리나라에도 '니모'가 있다?

만화영화 〈니모를 찾아서〉의 주인공 '니모'는 물고기계에서 가장 유명한 배우인데, 이 니모의 정체는 클라운피시clownfish 또는 아네모네피시anemone fish라 불리는 오렌지클라운피시orange clownfish, *Amphiprion percula*다. 빨강 혹은 오렌지색과 흰색의 배열이 꼭 광대clown 같아서 클라운피시라고 하는데, 왕관이란 뜻의 크라운crown과 발음이 비슷해서 왕관물고기로 잘못 번역되는 경우도 있다. 또한 많은 종류의 클라운피시가 말미잘anemone과 공생하므로 아네모네피시라고 부르기도 한다. 아네모네피시는 말미잘 근처에 살면서 눈에 잘 띄는 체색으로 말미잘에게 먹이를 유인해 주고, 그 대신 말미잘이 먹고 남은 찌꺼기를 먹는 것이다. 또한 큰 물고기가 공격해 오면 아네모네피시가 말미잘 속으로 숨고, 말미잘은 독이 있는 촉수로 물고기를 마비시켜서 쫓아 버린다. 아네모네피시는 말미잘 독에 면역이 되어 말미잘을 은신처로 이용할 수 있고 말미잘은 아네모네피시를 이용하여 먹이를 구하는, 공생 관계다. 공생은 기생과 달리 양쪽 모두 이득을 보는 관계로, 인간사 정치판에서는 이를 상생이라는 용어로 차용한다.

그러나 클라운피시가 모든 말미잘과 공생하는 것은 아니다. 알려진 것만 1000여 종에 달하는 말미잘 중 오직 열 종류만이 클라운피시에게 은신처를 제공한다고 하니, 말미잘과 공생하는 것은 그야말로 하늘의 별 따기다. 클라운피시는 수컷으로 태어나지만, 번식시키는 암컷이 죽으면 수컷이 성을 바꿔 암컷이 되는 성전환을 한다. 산란은 연중 계속되며, 알은 보름께 숙주 말미잘 근처의 편평한 표면에 덩어리 형태로 낳는다. 따뜻한 수역의 얕은 수심에서 산다.

우리나라에서는 클라운피시 또는 아네모네피시 모두를 자리돔과 같은 과에 속하는 흰동가리류로 총칭한다. 우리나라에 사는 물고기 중 니모를 가장 많이 닮은 물고기는 아마도 흰동가리*Amphiprion clarkii*(자리돔과)가 아닐까 싶다. 꼬리지느러미가 노란색을 띠어 영어로는 옐로테일 클라운피시yellowtail clownfish라고 부른다. 황갈색 몸통을 가로지르는 세 개의 하얀 줄무늬 때문에 쉽게 구별할 수 있다. 앞의 하얀 줄무늬는 눈 바로 뒤쪽에 위치하고, 가운데 줄무늬는 중앙을 가로지르며, 뒤의 것은 꼬리지느러미 근처에 나타나 있다. 물고기는 일반적으로 수컷의 색이 화려하지만, 이 종은 원래가 화려해서 색깔로 성을 구분할 수 없다. 해안의 산호초와 암초 사이에서 살며 말미잘의 촉수 안에 들어가 공생한

만화영화 속 '니모' 흰동가리

관상어로 개발된 파랑돔

호랑이 무늬를 띤 범돔

다. 흰동가리는 일부일처로 다정한 부부애를 보여 주며, 5~11월에 말미
잘 주변 암초 표면에 산란하여 알을 붙여 놓고 수컷이 보살핀다. 다 자
라야 15센티미터 정도 크기에 수명이 11년인 점에서, 귀여운 캐릭터의
관상어로 개발이 가능하다.

흰동가리와 함께 관상어로 개발될 수 있는 또 다른 어종으로 파랑돔
Pomacentrus coelestis(자리돔과)을 추천하고 싶다. 몸은 파란색이고 배와 뒷
지느러미, 꼬리지느러미는 노란색을 띠어 관상어의 풍모를 다 갖추었
다. 네온사인 같다 하여 영어로는 네온댐절피시neon damselfish라 부를 정
도다. 최대 크기 9센티미터로 수심 20미터보다 얕은 산호초나 돌이 있
는 바닥 가까이에 살며, 생태적 습성은 클라운피시류와 비슷하다.

범돔*Microcanthus strigatus*(황줄깜정잇과)은 호랑이에서 따온 이름이다. 백수의 제왕 호랑이를 떠올리면 상당히 큰 물고기라 짐작할 법하지만, 실제는 20센티미터 정도에 불과한 작은 물고기다. 이름에 '범' 자를 붙인 것은 너비가 비슷한 노란색과 검은색 세로줄 무늬가 교대로 있는 것이 호랑이를 닮았기 때문이다. 영어로는 줄무늬가 있다고 해서 스트리피stripey라고 부른다. 언뜻 보면 체장이 짧고 체고가 높은 마름모꼴 형태이므로, 나비고깃과 어류butterfly fishes와 헷갈릴 수 있다. 범돔은 제주도 바다 같은 아열대 연안과 산호초에 무리 지어 다니는 비교적 흔한 어류다. 식용으로 상업성은 없으나, 크기가 작고 수족관에 적응을 잘해 관상용으로 개발하면 인기가 있을 것이다.

'돔' 자 항렬의 종손은 도미

우리나라 물고기에는 '돔' 자 항렬이 많다. 그런데 이 돔 또는 도미라는 글자가 붙은 물고기는 대부분 가시지느러미, 즉 극조를 가지고 있다. 이러한 돔류sea breams는 몸과 머리는 옆으로 납작하고 체고가 높은 것이 특징이다. 예전부터 '어두육미魚頭肉尾' 또는 '어두일미魚頭一味'라는 사자성어의 유래가 궁금했는데, 혹자에 의하면 어두육미는 물고기와 육고기의 몸통을 얻을 수 없었던 사람이 소위 부속에 해당하는 머리와 꼬리 부분을 먹으며 자위한 데서 유래했다고 한다. 해학이 깃든 이야기다. 또 다른 설로 어두일미는 도미의 머리 부분이 맛있는 데서 유래했다는 말이 있다. 물고기 박사인 나는 그 많고 많은 물고기 중에 왜 하필 도미일까 의문을 품었다. 아마도 도미의 생김새 때문일 것이라고 추측한다. 도밋과 어류는 물살을 가르며 빠르게 헤엄치는 고등엇과 어류처럼 머리가 작고 몸은 방추형으로 미끈하게 빠졌다기보다는, 체형이 납작하고 몸 전체에서 머리가 차지하는 부분이 비교적 크다. 다시 말하면 머리 쪽에 살이 많아 다른 생선에 비해 먹을 것이 있다는 것이다. 게다가 눈알을 자유자재로 돌릴 수 있어서 머리 부분 근육이 발달해 있다. 눈 주위 살에는 피부 미용에 좋다는 무코다당류 성분이 포함되어 있으며, 눈알에는 피로 회복에 효과적이라는 비타민 B_1이 많이 함유되어 있다. 눈을 포함한 머리에 맛과 건강이 다 들어 있다고 볼 수 있다. 나는 옛 현인들이 분명 이러한 과학적 사실들을 알고 어두일미라는 사자성어를 만들었으리라 생각한다.

도밋과에 속하는 어류는 우리나라와 일본에서 최고의 어종으로 대접받는다. 회나 찜 등 입맛을 돋우는 요리용으로도 그러하지만 부모님의 무병장수를 비는 회갑연에는 반드시 올려야 했다. 뿐만 아니라 일부일처를 유지하는 어류라고 생각하여 결혼 잔칫상에도 빠지지 않았다. 이는 백제 사람 도미와 절개 있는 그의 처에 관한 설화에서 유래했다고 한다. 하지만 해가 지고 나서야 암수가 방란放卵과 방정放精을 하는 생태적 특성을 들어 조신하다고 생각했을 듯싶다. 이렇게 오랫동안 우리 생활에 밀접하게 이용될 때도 물고기의 생물학적 또는 생태학적 근거가 녹아들어 있다니, 신기할 따름이다.

도밋과 물고기들 중 참돔*Pagrus major*은 돔 중에서 최고라는 의미에서 '참' 자를 붙인 것이다. 균형 잡힌 몸매는 전체적으로 고운 빛깔의 담홍

참돔

색을 띠고 배 쪽은 연하며 등 쪽에는 광택을 내는 파란 반점들이 많이 흩어져 있어 '바다의 여왕'이라는 별칭도 있다. 참돔은 아카다이(붉은 돔)라는 일본식 이름으로 불리기도 하지만, 공식 일본명은 마다이マダイ, 眞鯛로 참眞돔이라고 하는 우리 이름과 같은 뜻이다. 영어권에서는 붉은 색을 띤다고 하여 레드시브림red sea bream이라 한다.

스쿠버다이버뿐 아니라 낚시꾼들에게 인기가 있는 참돔은 회유성 어종이다 보니 계절이 바뀌면 다른 곳으로 떠난다. 그래서 낚시꾼들은 계절에 따라 회유하는 참돔을 찾아 일본의 대마도와 우리나라 곳곳의 섬들을 오가기도 한다.

참돔은 다 자라면 1미터가 넘는 것도 있어 도밋과 어류 중 가장 큰 편이다. 참돔은 성장이 빨라 양식을 많이 한다. 그만큼 경제성이 있다는 이야기이다. 붉은색이 강하고 콧구멍이 선명하게 두 개인 개체가 자연산이며, 체색이 어둡고 두 개의 콧구멍이 하나로 연결된 것처럼 보이면 양식산이다. 그런데 양식으로 참돔의 공급이 늘어나자, 돔 중에 최고라는 지위가 흔들리기 시작했다. 무엇이든 흔해지면 대접받지 못하는 법이다.

참돔은 제주도 서남 해역에서 월동을 하고 봄이 되면 서해안과 중국 연안으로 이동해, 4~7월에 해가 지면 물에 뜨는 알을 여러 차례 낳는다. 어릴 때에는 연안 얕은 곳에서 생활하다가, 2~3년 자란 뒤에 수심 30~200미터의 암초 지대로 이동하여 서식한다. 아침부터 정오 사이에만 먹이를 먹고 오후부터 아침까지는 거의 먹이를 먹지 않는 것으로 알려져 있다. 최대 크기는 1미터 내외이고, 수명은 20년 이상이나 되는 장수어다. 수온 18도 이상이 되면 식욕이 왕성하고, 17도 이하가 되면 식욕이 감퇴하며, 12도 이하에서는 전혀 먹지 않는다. 참돔은 서해 전역에서 여름을 보내고 가을이 되면 월동장(물고기 등이 겨울을 나는 곳)으로 남하하는데, 봄부터 가을까지 주로 어획된다. 수산자원 보존을 위하여 24센티미터 이하는 포획이 금지되어 있으니 조업에 주의해야 한다.

　제주에서는 참돔이라 불리며 오히려 참돔보다 비싼 가격에 거래되는 생선이 있다. 모양과 체색조차 비슷한 황돔*Dentex tumifrons*(도밋과)이 그것이다. 몸은 황적색 바탕에 눈에서 주둥이까지 노란색 무늬가 있고, 등에도 불분명한 노란색 무늬가 있다. 등지느러미 아랫부분에 세 개의 황색 무늬가 선명하게 나 있다. 배지느러미는 희고 가슴지느러미는 연한 붉은색을 띠며, 나머지 지느러미는 연한 황색이다. 꼬리자루가 참돔보다 짧아 구별할 수 있다.

　황돔은 제주도를 비롯한 남해에 서식한다. 정착성 어류지만 여름에는 얕은 곳에 서식하며, 겨울철에는 깊은 곳으로 계절회유를 한다. 체장 15센티미터 정도의 3년생이 되면 산란에 참여하는데, 6~7월과 10~11월에 두 번 산란한다. 암수한몸의 시기를 거쳐 수컷에서 암컷으로 성전환을 하며, 수명은 8~9년이다. 15센티미터 이하는 포획이 금지되어 있다.

　같은 도밋과에 속하는 감성돔*Acanthopagrus schlegelii*은 참돔에 비해 성장이 느려 양식을 해서는 수지가 맞지 않는다. 그래서 양식으로 흔해진 참돔보다 흔히 볼 수 없다는 희소성으로 인해 최근 들어 참돔이 누리던 지위를 차지하고 나섰다. 감성돔은 몸빛깔이 금속 광택을 띤 은청색 바탕에 암회색의 가로줄 무늬가 여러 개 있어 전체적으로 검게 보인다. 그래서 검은돔으로 불리다가 감성돔으로 이름이 변하게 되었다고 한다.

황돔

감성돔

감성돔을 가리켜 구로다이クロダイ라 하는데, 이는 일본어 검다는 말 '구로'에 돔을 뜻하는 '다이'가 붙은 것이다.

감성돔은 수심 50미터 이내의 해조류가 있는 암초 지대나 모래질인 연안에 주로 서식하는데, 만에 주로 사는 내만성內灣性 어종으로 큰 이동은 없으나 겨울철에는 깊은 곳으로 이동한다. 성장은 6~12월에 좋고, 1~5월에 나쁘다. 또 암컷이 가장 성장이 좋고, 그다음 암수한몸 개체, 수컷의 순이다.

감성돔은 수컷의 경우 체장 17센티미터, 암컷은 20센티미터 크기의 두 살배기가 되면 비로소 산란을 시작한다. 5~6년이 되면 성숙해지며, 3~7월 산란기 동안에 수십 회 산란한다. 최대 체장은 60센티미터로 참돔보다는 작다. 1년생의 경우 대부분 수컷이지만 2~3년생은 암수한몸이다. 3~4년생은 암·수로 분리된 것 외에 암수한몸으로서 수컷의 기능을 가지는 것도 있다. 4~5년생부터는 암·수로 완전히 분리되며, 대부분은 암컷으로 성전환이 되는 특성이 있다.

그토록 먹고 싶었던 다금바리가 자바리라고?

제주도에서 최고급 어종의 대명사로 흔히 다금바리라 불리는 물고기는 자바리Epinephelus bruneus(바릿과)로 그루퍼grouper 종류이다. 자바리는 보통 60~80센티미터 크기지만 최대 136센티미터, 33킬로그램까지 자라는 것으로 알려진다. 수산업계를 누빈 전력으로 마음먹으면 먹지 못할 생선이 없는데, 이 녀석하고는 아직 밤낮으로 바라만 보는

'돔' 자 붙었다고
다 도미가
아니다

　　도밋과에 속하지는 않지만 '돔' 자가 붙은 물고기들이 있다. 제주도 어느 횟집의 수조에서나 쉽게 볼 수 있는 돌돔*Oplegnathus fasciatus*(돌돔과)은 밝은 회흑색 바탕에 6~7개의 검은 가로줄이 있으며, 육질이 단단하고 담백하여 횟감으로 인기가 있다. '돌' 자가 붙은 내력에 대해서는 주로 암초 지대에 서식하기에 붙었다는 것이 정설이지만, 돌처럼 단단한 육질 때문이라고 이야기하는 사람도 있다. 일본어로 돌을 뜻하는 '이시'를 붙여 이시다이*イシダイ*라고 부른다. 부화한 지 얼마 되지 않은 돌돔은 작은 몸에 있는 뚜렷한 검은색 가로줄 무늬 때문에 관상어처럼 보이기도 한다. 이렇게 머리와 몸에 가로줄 무늬가 있어 흔히 줄돔이라고도 하지만 잘못된 이름이다.

　　어릴 때는 주로 떠다니는 해조류인 '뜬말' 아래에 붙어 플랑크톤을 먹고 자라다가 어느 정도 성장하면 암초 그늘로 숨어들어 저서 생활을 한다. 돌돔의 속명은 그리스어(hoplon(=weapon)+gnathos(=jaw))로 무기 같은 턱을 가졌다는 뜻이며, 영어권에서도 줄무늬가 있는 강한 턱을 가진 물고기로 부르는 것을 봐서 부리 모양의 강한 이가 있음을 알 수 있다. 실제로 양 턱의 이빨이 단단한 새의 부리 모양이라 딱딱한 소라나 성게 등을 깨 먹을 수 있다. 특히 성게를 좋아하여 암초 틈에 성게 껍데기가 널려 있으면 그 인근에 돌돔이 살 가능성이 있다. 그래서 돌돔을 전문적으로 낚는 낚시꾼들은 말똥성게를 미끼로 사용하기도 한다. 돌돔은

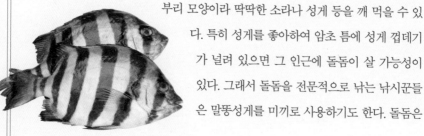

돌돔

트럭 짐칸을 다 차지할 만큼 대형 어종인 돗돔

살이 탄탄하여 횟감으로 최고지만, 24센티미터 미만은 포획이 금지되어 있으니 함부로 잡을 일은 아니다.

돌돔과는 받침 하나 차이지만 분류학상으로 전혀 가깝지 않은 돗돔*Stereolepis doederleini* (반딧불게르칫과)은 그 엄청난 크기 때문에 가끔 방송이나 신문에 전설의 심해어로 소개되곤 한다. 실제 어미는 수심 400~600미터의 바위 지역에 살며 최대 2미터 크기에 90킬로그램 정도라고 보고되어 있으나, 그 이상의 초대형어가 어획되었다는 언론 보도는 심심찮게 접할 수 있다. 체형은 계란형으로 옆으로 납작하며 주둥이가 짧고, 아가미덮개에 두 개의 강한 가시가 있다. 등지느러미는 가시지느러미(극조부)와 살지느러미(연조부)로 나누어져 있으며, 꼬리지느러미 가장자리는 직선으로 잘라지는 절형이다. 등지느러미 연조부 끝과 꼬리지느러미 끝 부분은 흰색 띠가 있으며, 배지느러미는 전체적으로 검다. 어린 시기인 유어기에는 흑갈색 바탕 몸에 다섯 개의 연한 녹갈색 세로띠가 있지만, 성장하면서 없어져 몸 전체가 흑갈색을 띤다.

사이다. 양식을 위한 종묘 생산 개발 연구용으로, 어미가 될 때까지 내가 근무하는 배양장 수조에 고이 모셔져 있기 때문이다. 자원이 감소하여 여간해서는 자연에서 만날 수도 없으니, 어마어마한 값을 치르지 않고는 구경조차 할 수가 없다. 일본에서는 이미 양식이 시작됐으나 국내에서는 아직 양식 개발 중이다.

몸은 다갈색 바탕에 6~7개의 흑갈색 가로줄 무늬가 비스듬하게 있다. 제주도를 비롯한 남해의 따뜻한 해역 암반 지대에 서식하고 주로 밤에만 움직이며 산란은 8~10월에 한다는 사실 이외의 생태 특성에 대해서는 아직 알려진 것이 많지 않다. 회, 탕, 구이 등으로 이용하며 버리는 부분 없이 내장부터 뼈, 눈알까지 전부 먹을 수 있는 최고급 어종이다.

그럼 진짜 다금바리*Niphon spinosus*(바릿과)는 어떤 물고기일까? 이 종은 100~140미터 수심의 모래가 섞인 펄 바닥이나 암초 지역에 주로 서식

다금바리로 알려져 있는 자바리

진짜 다금바리

하는 정착성이 강한 어류로, 이동을 거의 하지 않아 서식장에서 산란을 한다는데, 역시 생태학적 정보가 부족하다. 제주도를 비롯한 남해에 서식하며, 연중 잡히지만 어획량은 매우 적다. 갈색 바탕에 진한 색의 세로줄 무늬가 있으며, 꼬리지느러미는 전체적으로 검지만 위아래 양옆 끝이 희며 중앙 부위가 조금 밝다. 같은 바릿과 가운데 횟감으로 많이 이용되는 어류로 붉바리*Epinephelus akaara*와 능성어*Epinephelus septemfasciatus*가 있으나, 이들 또한 어획량이 적어 높은 몸값을 자랑한다.

'바리바리' 많아서 '바리'라는 이름이 붙었다는 바릿과 어류가 이제는 구경하기도 어려운 형편이 되었다니, 하루빨리 자원이 회복되어 맛이라도 볼 수 있길 고대해 본다.

84일 동안 고기를 한 마리도 잡지 못한 억세게
운 없는 노인은, 85일째 되던 날 5미터가 넘는
어마어마하게 큰 물고기를 만나 2박 3일 동안
사투를 벌인 끝에 잡았다.

다랑어는 쉬지 않고 헤엄치기로
유명한데, 잠을 잘 때도 뇌 기능만
수면을 취할 뿐 10여 년이란 일생에
걸쳐 단 1초도 헤엄을 멈추지 않는다.

한 마리가 18억?
억 소리 나는
참치전쟁

내가 바로 금수저,
몸값 비싼 귀족이랍니다

다랑어

생선 중 '맛의 백화점'으로 불리는 다랑어는 1980년대까지만 해도
식도락가나 엘리트층의 고급 횟감으로만 여겨졌으나, 최근에는 누구나
즐길 수 있는 흔한 생선이 되었다. 원양어업과 식품가공업이 발전한
덕분이기도 하지만, 국내의 참치 관련 식품회사들이 계속적으로 통조림 등
다양한 상품들을 널리 유통시키고 있기 때문이다.

바다의 귀족이
나가신다

내가 난생처음 미국 여행길에 오른 것은 지금으로
부터 10여 년 전인 2004년이다. 방문연구원 자격
으로 미국 서부 샌디에이고 근처 라 호야La Jolla에
위치한 남서수산과학센터Southwest Fisheries Science Center, SFSC에 파견 갔
을 때였다. 직항이 없어 LA공항에서 샌디에이고로 가는 항공기로 옮겨
타야 했는데, 탑승 인원이 50명 남짓인 AA American Airlines 경비행기였
다. 미국 서부 로키산맥을 끼고 태평양 동쪽 해안을 따라 비행하는 동
안 창문 아래로 바다 위를 미끄러지는 작은 보트까지 선명하게 다 보
였다.

공항에 무사히 도착해 미국 최고의 해양 휴양도시 라 호야로 이동했
는데, '보석'을 뜻하는 이 도시 이름처럼 아름다운 곳이었다. 이곳에서
웃지 못할 에피소드도 얻었다. 박사 학위 심사 발표 때다. 당시 내 논문

미국해양기상청 해양수산국 남서수산과학센터

은 고등어에 대한 연구였는데, 미국 서부 해안은 고등어 주요 서식지로 이 지역에서 연구된 고등어 논문이 많아 인용 문헌으로 참고했다. 그런데 나는 당시 이곳의 지명이 스페인어인지 모르고 영어식으로 '라 졸라'라고 발음했다가 한 심사자에게 속된 말로 '졸라' 창피를 당했다. 그때를 생각하면 지금도 식은땀이 난다. 어쨌든 한국의 고등어 박사가 미국의 고등어 본고장에 와 제대로 고등어를 만난 것이다.

헤밍웨이의 노인과 바다

바닷가 절벽에 위치한 남서수산과학센터의 외형은 참 단순했다. 가운데 중정이 있는 정방형의 3층짜리 콘크리트 건물. 타일을 붙이지 않은 외벽은 심지어 도색도 하지 않아 맨 얼굴의 시멘트가 드러나 있었고, 각 층에는 앞뒤로 같은 규격의 닭장 같은 연구실이 나란히 있었다. 연구소에서 생활하던 어느 날, 이석 처리 방법에 관해 이야기를 나누고자 이 분야 전문가인 커트 섀퍼Kurt Schaefer 박사를 소개받았다. 논문에서 본 적 있는 연구자라 만나보고 싶던 참이었다. 그런데 인사를 나누다가, 그가 수산자원학에서 세계적으로 유명한 잉여생산량 모델인

다랑어

섀퍼 모델Schaefer model을 만든 그 섀퍼M. Schaefer의 아들이란 사실을 알게 되었다. 커트는 전미열대다랑어위원회Inter-American Tropical Tuna Commission, IATTC의 연구 프로젝트에 참여하고 있어, 그의 연구실 벽에는 다랑어 관련 자료와 사진이 많이 붙어 있었다. 그중 웬노인이 시가에 불을 붙이고 있는 사진이 있어 물었더니, 사진 속 사람이 헤밍웨이의 소설 《노인과 바다》에 나오는 '산티

《노인과 바다》 주인공 산티아고의 실제 모델 푸엔테스 씨

아고'의 실제 모델이란다. 이름은 그레고리오 푸엔테스Gregorio Fuentes, 얼마 전에 104세의 나이로 사망했다는 설명도 보탰다.

84일 동안 고기를 한 마리도 잡지 못한 억세게 운 없는 노인은, 85일째 되던 날 5미터가 넘는 어마어마하게 큰 물고기를 만나 2박 3일 동안 사투를 벌인 끝에 잡았다. 그 물고기가 바로 대서양녹새치blue marlin, *Makaira nigricans*다. 새치marlin라 부르는 이 대형어는 다랑어와 함께 외양성 어류의 대표 주자로 위턱과 아래턱이 뾰족하며, 특히 위턱이 아래턱보다 훨씬 길게 장검처럼 튀어나온 것이 특징적인 모양새다. 이런 새치류에는 황새치swordfish, *Xiphias gladius*, 돛새치Indo-Pacific sailfish, *Istiophorus platypterus*, 녹새치Indo-Pacific blue marlin, *Makaira mazara*, 흑새치black marlin, *Istiompax indica*(백새치로 잘못 불리기도 함), 청새치striped marlin, *Kajikia audax* 등이 있으며, 지역에 따라 분포한다.

그럼《노인과 바다》의 배경은 어디이고, 녹새치를 잡은 그 바다는 어디일까? 그해 말, 나는 캐나다 서부 해안 밴쿠버 섬에 있는 태평양생물연구소Pacific Biology Station, PBS에 박사후과정으로 연수를 가게 되었고, 마침내 헤밍웨이의 소설 속 '노인'과 '바다'를 찾아 나섰다. 참 지난한 과정이었다. 밴쿠버에서 비행기를 타고 토론토에 도착한 다음, 다시 비행기를 갈아타고 쿠바로 출발해 호세 마르티Jose Marti 공항에 도착했다. 쿠바에 입성하여 처음 접한 단어가 공항에 붙은 이름 'Jose Marti'다. 쿠바 하면 체 게바라와 피델 카스트로만 알았는데, 뜻밖의 인물이었다. 그는 작가이자 사상가이며, 쿠바 건국의 아버지라고 불리는 사람이다. 이후 여행을 하면서 발견한 사실인데, 카스트로의 동상은 어디에도 없었

녹새치

쿠바 아바나의 혁명광장

지만 호세 마르티의 동상과 이름은 쿠바 곳곳에서 볼 수 있었다. 호세 마르티는 지금도 인민의 존경을 받고 있다.

《노인과 바다》의 주 무대인 바다를 찾아가다가 만난 곳은 말레콘 Malecon이다. 우리네 눈으로 보면 도심 바닷가에 만들어진 방파제일 뿐이다. 아마 바닷가에 찻길을 내려고 해안 공사를 한 것일 게다. 8킬로미터나 되는 말레콘은 단순한 방파제 역할만 하는 것이 아니라, 아바나 사람들의 생활의 일부였다. 뜨거운 여름에는 아이들의 천연 수영장 테라스가 되고, 배고픈 자들에게는 낚시터가, 에어컨 없이 사는 사람들에게는 자연풍을 쐴 수 있는 휴식 장소가 돼 주었다. 밤이 되면 말레콘은 또 다른 역할을 한다. 사랑을 나누는 연인들의 공공연한 데이트 장소. 밀애의 장소가 아니라, 떳떳하게 연애를 즐기는 곳이다. 배고픈 악사에게는 밤바다를 배경으로 기타 반주에 맞춰 노래를 부를 수 있는 무대이기도 하다. 말레콘이 이렇게 아바나 시민들의 삶의 일부가 된 것은 그들의 생활 터전과 아주 가까이 있기 때문이리라. 말레콘 저 멀리 《노인과 바다》에서 산티아고가 대서양녹새치를 잡았던 어장이 어렴풋이 보인다. 바로 걸프 스트림Gulf Stream. 플로리다와 쿠바 사이를 흐르는 해협으로 예측할 수 없는 조류 때문에 항시 위험이 도사리는 곳, 이곳에서 산티아고는 대서양녹새치를 잡았다.

바다의 귀족 '다랑어'

일반인에게는 참치로 알려진, 누가 뭐라 해도 가장 값비싼 횟감으로는 다랑어를 꼽을 수 있다. 영어로는 튜나tuna라고 부른다.

다랑어는 고등어, 망치고등어, 삼치 등과 함께 농어목 고등엇과에 속하는 외양성 고도 회유종이다. 쉬지 않고 헤엄치기로 유명한데, 잠을 잘 때도 뇌 기능만 수면을 취할 뿐 10여 년이란 일생에 걸쳐 단 1초도 헤엄을 멈추지 않는다. 유영 속도는 평균 시속 60킬로미터, 순간 최대 시속은 160킬로미터에 이른다. 몇 만 킬로미터를 유영할 정도라고 하니, 참 고단한 삶이겠다는 생각도 든다. 다랑어는 적도를 중심으로 남·북 아열대 및 온대 해역의 5대양에 널리 분포한다. 초여름에는 고위도로 올라가고 늦가을에 다시 저위도로 계절회유를 한다. 일반적으로 열대성 다랑어에는 참다랑어, 눈다랑어, 황다랑어, 가다랑어가 속하고, 날개다랑

어쩌다 다랑어 대신 참치가 됐을까?

참치라는 이름은 우리나라 사람들이 즐겨 먹는 넙치, 꽁치, 멸치, 쥐치, 가물치, 한치 등과 같이 생선에 접미어로 붙이는 '치' 자에 으뜸을 나타내는 '참 眞' 자를 붙인 것이라는 유래가 있다. 그런데 공식 이름인 다랑어 대신 참치가 더 일반적으로 불리게 된 것은 해방 후 해무청(오늘날의 해양수산부) 어획 담당관이 참치라는 명칭이 동해 지역의 사투리라는 사실을 모르고 보고서에 기록했기 때문이라고 한다. 또한 지금은 원양회사의 상표로 쓰이면서 오히려 주류가 되었다.

어는 온대성 다랑어로 분류된다. 다랑어류 중에서 가장 큰 것은 참다랑어로, 3미터가 넘는 몸길이에 무게는 600킬로그램이나 나간다. 새치류는 몸길이가 6미터 정도 되고, 무게는 900킬로그램이나 나가는 것이 있다.

다랑어는 선사시대 패총에서도 각종 물고기 뼈와 함께 출토된 것으로 미루어 일찍부터 어획되어 이용되었음을 알 수 있다. 우리나라 연근해에 많지는 않으나, 동해와 동중국해 먼바다에서 회유하여 들어온다. 다랑어는 우리나라 최초의 상업 원양어선인 '지남호'가 1957년 인도양에서 처음 조업하기 시작한 이후, 우리나라 원양어업의 주요 어획종이 되었다. 2014년 한국 원양어업 통계에 따르면 가다랑어 22만 9588톤, 황다랑어 6만 3970톤, 눈다랑어 2만 2868톤, 날개다랑어 1310톤, 남방참다랑어 783톤이 어획되었고, 우리나라 연안에서 참다랑어 1311톤이 어획되었다. 대부분 횟감과 통조림으로 수출되는 다랑어는 우리나라 수산물 수출 1위 품목이다. 이들 다랑어와 새치는 열대 해역 표층에 사는 물고기 표층어 중 가장 크고 성장이 빠르며 맛이 좋기 때문에 원양 수산자원으로서 매우 귀중히 여긴다. 한마디로 돈이 된다.

생선 중 '맛의 백화점'으로 불리는 다랑어는 1980년대까지만 해도 식도락가나 엘리트층이 즐기는 고급 횟감으로만 여겨졌으나, 최근에는 누구나 즐길 수 있는 흔한 생선이 되었다. 원양어업과 식품가공업이 발전한 덕분이기도 하지만, 국내의 참치 관련 식품회사들이 계속적으로 통조림 등 다양한 상품들을 널리 유통시키고 있기 때문이다.

다랑어는 용도에 따라 횟감용과 통조림용으로 나뉜다. 크기에 상관없이 참다랑어와 눈다랑어가 횟감용으로 가장 좋으며, 횟감용 다랑어는 살코기에 지방이 많이 함유된 것이 좋다. 반면 통조림용은 다랑어의 크기가 적당해야 한다. 지나치게 크거나 어린 것은 좋지 않다. 주로 가다랑어와 날개다랑어가 통조림으로 만들어진다. 이처럼 다랑어가 여전

우리나라 최초의 상업 원양어선, 지남호

참치 해체 작업

참치회

히 횟감 중 최고로 군림하고 있는 것은 다랑어만이 가지고 있는 특유한 맛 덕분이다. 바로 잡아 올렸을 때의 색깔이 그대로 유지된 것이 최고로 손꼽힌다. 냉동 기술의 발달로 오늘날에는 어디서나 싱싱한 다랑어를 만끽할 수 있다.

이러한 다랑어도 부위에 따라 맛과 가격이 크게 차이 난다. 가장 맛이 좋은 부위는 뱃살로, 다른 부위보다 두세 배 비싸다. 뱃살에는 지방이 등살에 비하여 수십 배 더 함유되어 있어 고소하다. 다랑어 고유의 맛은 이노신산이라는 성분이 많기 때문인데 이는 핵산

조미료의 구성 성분이 된다.

일본 사람들은 전통식품으로서 가다랑어를 이용하여 조미용 국물을 얻기 위한 건조가공품 '가쓰오부시鰹節'를 만들었다. 건조와 발효를 반복하며 몽둥이 모양으로 단단하게 굳힌 다랑어를 얇게 썬 것이다. 이 가쓰오부시에는 핵산조미료 성분인 이노신산, 히스티딘염이 많이 들어 있다.

참치살이 붉은 이유

참치살은 왜 붉을까? 참치살이 붉은 것은 근육에 혈액이 가득하기 때문이다. 빠른 유영을 하려면 끊임없이 산소를 근육에 보내야 하므로 근육의 모세혈관이 발달해 있다. 그러나 혈액이 다량 함유된 고기 살은 잘못 보관하면 금방 부패해 버린다. 참다랑어의 붉은 살코기 지방 함량은 35퍼센트에 이른다.

다랑어는 일본인들은 말할 것도 없고 서양인들도 생선의 대들보 격이라고 생각하며 '바다의 귀족', 또는 닭고기와 맛이 비슷하다고 해서 '시치킨sea chicken'으로 불릴 만큼 꾸준한 사랑을 받고 있다. 다랑어의 단백질 함유량은 약 30퍼센트로 다른 생선뿐 아니라 돼지고기나 소고기, 닭고기보다도 높다. 반면 지방은 상대적으로 육류보다 적어 고단백 저열량 식품이라 할 수 있다. 또한 성장기 어린이 및 청소년들에게 필요한 비타민 B군, 토코페롤, 칼슘, 철분, 마그네슘 등이 풍부하고 비만이나 고혈압, 당뇨 환자의 영양식으로도 훌륭하다. 고등어, 정어리, 다랑어, 연어 등 이른바 등 푸른 생선에 많다는 EPA와 DHA 역시 풍부해 심혈관 질환 예방에도 상당히 효과적이며, 머리를 좋게 하는 건뇌 식품이기도 하다. 이처럼 다랑어 예찬론은 말하려 들면 끝이 없다.

다랑어 중 으뜸, 참다랑어

참다랑어는 다랑어 중에서도 진짜라는 뜻에서 붙여진 이름이다. 그래서 일식집에서는 흔히 일본말로 혼마구로ほんまぐろ, 本鮪라고 부른다. 구로마구로くろまぐろ, 黑鮪라고도 불리는데, 등이 검다고 해서 붙여진 이름이다. 이를 직역해서 흑다랑어라고 쓰기도 하지만 이름은 함부로 붙이는 게 아니다. 서양에서는 블루핀튜나bluefin tuna라고 부른다. 글자 그대로 지느러미가 청색을 띠기 때문이라기보다는 등 색깔이 짙은 청색이라 붙은 이름이다.

모든 다랑어류가 다 그렇듯, 몸은 방추형이며 머리 부분은 원추형이라 헤엄칠 때 물의 저항을 최소화할 수 있는 체형이다. 몸의 등 쪽은 짙은 청색, 몸의 중앙과 배 쪽은 은백색 바탕에 여러 개의 폭이 좁은 가느다란 흰색 가로띠와 그 안에 둥근 점무늬가 있는 것이 특징이다. 등지느러미는 두 개인데, 제2등지느러미는 제1등지느러미보다 더 높다. 가슴지느러미는 짧아서 끝이 제2등지느러미 시작 부분에 미치지 못한다. 제1등지느러미는 노랗거나 푸른색을 띠고, 제2등지느러미는 붉은 황색을 띠며, 뒷지느러미와 토막지느러미는 어두운 황색을 띠면서 가장자리가 검다.

참다랑어는 열대 원양에 살며 표층을 빠른 속도로 유영하는 몸집이 아주 큰 어류로, 전 세계에 3종이 있다. 우리나라와 일본, 대만, 미국, 멕시코 해역에 분포하는 태평양참다랑어Pacific bluefin tuna, *Thunnus orientalis*, 지중해를 포함한 대서양에 분포하는 대서양참다랑어Atlantic bluefin tuna, *Thunnus thynnus*, 적도 이남의 남반구에 분포하는 남방참다랑어Southern bluefin tuna, *Thunnus maccoyii*가 그것이다.

이들 참다랑어는 외견상 거의 비슷하나 엄연히 다른 종이다. 태평양 참다랑어는 북위 지방 온대 해역에 넓게 분포하며, 북서태평양에서는 마셜 제도 및 필리핀에서 일본 북해도에 이르는 연안에 서식한다. 대서양참다랑어는 다랑어류 중에서 가장 고위도까지 분포하며, 저수온에도 강하여 성어는 3~30도의 넓은 수온 범위에서 산다. 남방참다랑어는 다른 참다랑어에 비해 크기가 작으나 수명은 더 길며, 주로 남위 30~60도 해역에 살지만 산란하기 위해 표층 수온 20~30도를 보이는 적도까지 회유한다.

참다랑어는 대양성 어류이나 계절적으로 연안 가까이 오는 수도 있으며, 체급별로 어군을 형성하는데 때때로 날개다랑어, 눈다랑어, 황다랑어, 가다랑어, 몽치다래, 줄삼치류, 방어류 등과 함께 어군을 이루기도 한다. 북동태평양에서는 6~9월에 캘리포니아 해안을 따라 북쪽으로 회유하며, 서부태평양에서는 일본 해안을 따라 여름에는 북쪽으로, 겨울에는 남쪽으로 회유한다. 우리나라 주변에서는 초여름에 동해로 들어와서 오호츠크 해까지 회유하며, 동해를 빠져나갈 때는 일본 북부의 쓰가루 해협을 통과한다. 산란기는 대만 근해에서는 4~6월, 우리나라 동해에서는 8월이다. 대개 태평양을 횡단하여 동부태평양으로 회유하며 다시 산란장으로 되돌아온다. 대서양참다랑어는 10세 이상 크

참다랑어

빠른 속도로 바다를 유영하는 참다랑어

우리나라 연안에서 잡힌 참다랑어

기 200센티미터 정도가 되면 멕시코 만과 지중해에서 산란하는데, 수
온 22~27도를 보이는 6~8월에 한번에 1000만 개 이상의 알을 1~
2일 간격으로 표층에 낳는다. 2일이 지나면 알에서 2.8밀리미터 크기
의 자어가 부화하여 30일 정도의 치어기를 지낸다. 참다랑어는 주로 멸
치, 꽁치, 오징어 등을 먹고 범고래에게는 먹이가 되는데, 대형어일수록
포식자는 줄어든다. 참다랑어는 다랑어류 중에서 가장 커서 최대 체장

300센티미터 이상인 경우도 있으며, 대개 200센티미터에 이른다. 체중은 450킬로그램까지 기록이 있다. 대서양에서는 458센티미터 크기에 684킬로그램 체중까지 자라며, 15세 정도 사는 것으로 보고되었다.

우리나라 연안에서는 대형선망과 정치망 등에 잡힌다. 참다랑어는 다랑어류 중에서 가장 고가이므로 어획량 대부분이 일본 등지로 수출되고 우리나라에서 소비되는 양은 10퍼센트에 지나지 않는다. 다랑어는 어획 시기와 장소에 따라서도 가격이 달라지며, 다양한 요리법이 있지만 참다랑어는 주로 횟감으로 애용된다. 참다랑어를 회로 즐길 때 생강과 함께 먹으면 생강이 살균 작용을 함으로써 소화 문제를 예방해 준다. 참다랑어는 육질이 붉은색을 띠고 눌러 봤을 때 단단하고 탄력 있는 것이 최고급이다.

눈다랑어, 황다랑어, 가다랑어, 날개다랑어

눈다랑어*Thunnus obesus*는 체형이 높고 굵으며, 눈이 특히 커서 붙여진 이름이다. 영어로는 빅아이튜나bigeye tuna, 일본어로는 메바치めばち, 眼撥라고 한다. 가슴지느러미는 적당하게 길어 제2등지느러미 끝자락까지 다다라 자칫 날개다랑어인 줄 착각할 수가 있다. 제1등지느러미는 진한 황색이고, 짧은 제2등지느러미와 뒷지느러미는 옅은 황색이며, 토막지느러미는 가장자리가 검은 밝은 황색이다. 배 쪽은 희고 살아 있을 때는 푸른색 측선이 보인다.

눈다랑어는 전 세계의 열대, 아열대, 온대 해역에 걸쳐 수온 10도 이상 해역에 넓게 분포하며, 특히 태평양에서는 북반구에 많다. 열대 해역에서 산란하고, 먹이를 먹고 성장하기 위해 계절에 따라 고위도 해역으로 남북 방향 회유를 한다. 체장 100센티미터가 되면 산란하기 시작하여 120센티미터에 이르면 모두 산란에 참가하고, 1회 산란 수는 300~1000만 개로 알려져 있다. 7~8개월 동안 보름에 맞춰 1~2일 간격으로 여러 번 산란하는데, 열대 해역에서는 1년 내내 산란하는 것으로 보고되었다. 최대 250센티미터에 210킬로그램, 11세까지 성장한다. 어릴 때는 표층 가까이에 살다가 성장할수록 점차 깊은 곳으로 이동한다.

눈다랑어는 다랑어류 중에서 가장 깊은 수심에 서식하므로, 깊은 수층에 도달할 수 있는 기다란 원줄에 가지줄을 달고 그 끝에 낚시와 미끼를 달아 조업하는 주낙(연승)으로 어획한다. 바다를 부유하는 나뭇조각에 붙어 다니거나 상어와 같이 회유하는 경우가 많아 낚시에 걸린 눈다랑어는 때때로 상어의 먹이가 되기도 한다. 눈다랑어의 살색은 선명한 붉은색으로 초밥과 횟감으로 많이 이용되며, 일본 관동 지방과 동북 지방에서는 봄철이 끝날 무렵 참다랑어 맛이 떨어지기 때문에 눈다랑어를 즐겨 먹는다고 한다.

황다랑어*Thunnus albacares*는 등지느러미와 뒷지느러미, 토막지느러미 등 대부분 지느러미가 밝은 황색을 띠어 붙여진 이름이다. 영어로는 옐로핀튜나yellowfin tuna, 일본어로는 키하다きはだ, 黃鰭라고 부른다. 몸은 방추형이며, 머리와 눈은 상대적으로 작고 꼬리 부분이 길다. 제2등지느러미와 뒷지느러미가 낫 모양으로 매우 큰 것이 특징으로, 체장의 20퍼센트가 넘는다. 전 세계 대양의 열대 및 아열대 해역에 분포하며,

다랑어류 중에서는 비교적 높은 수온을 좋아하여 남·북위 25도 사이에 주 어장이 형성된다. 지중해에는 서식하지 않는다. 특히 산소농도가 갑자기 감소하는 산소약층oxycline에는 서식하지 않는다. 빠른 유영을 위해 많은 산소가 필요한 특성 때문에, 수온이 급격히 변화하고 산소가 부족한 수계에서는 살지 않는다.

눈다랑어

황다랑어

인도양에 사는 황다랑어는 개체군의 50퍼센트가 산란에 참여하는 최소성숙체장이 약 84센티미터이며, 120센티미터 이상이면 모든 개체가 성숙했다고 볼 수 있다. 열대 해역에서는 매년 산란하지만, 고위도 해역에서는 수온이 25도 이상인 여름 동안에만 이루어진다. 이렇게 수온에 따라 해역별 산란 시기가 다른데, 예를 들면 서부 열대 태평양에서는 12~1월, 중부 열대 태평양에서는 4~5월에 산란한다. 필리핀 주변 해역에서는 한 해 3~5월과 11~12월 두 번의 산란기가 있다. 황다랑어는 산란할 때 여러 번 하는 것으로 알려져 있는데, 서부태평양에서는 1.7일마다, 동부태평양에서는 1.3일마다 산란이 일어나며 산란 시각은 저녁 8~12시로 추정된다.

황다랑어 치어는 적도 수역에서 연중 발견되나, 아열대 해역에서는 계절별 차이가 있다. 치어는 수온약층 상부의 따뜻한 수역에서 대부분 발견되며, 어군 형성은 대개 표층에서 체급별로 일어난다. 어군은 종종 85센티미터 이상의 대형어와 돌고래가 모여 형성되는 경우가 있으며, 부유 물체나 다른 종류의 다랑어가 함께 발견되기도 한다. 최대 체장은 200센티미터 이상이며, 보통 150센티미터 정도까지 성장한다. 황다랑어의 살색은 봉숭아색이고, 초밥 및 횟감으로 많이 쓰인다. 특히 여름철과 가을철에 맛이 좋으며, 통조림이나 어육의 원료로도 이용된다.

가다랑어Katsuwonus pelamis는 등 쪽이 어두운 청자색, 배는 은백색으로 체측 아랫부분에 4∼6개의 뚜렷한 흑청색 세로띠가 있는 것이 특징이다. 영어로 스킵잭튜나skipjack tuna, 일어로는 가츠오かつお, 鰹, 松魚, 堅魚라고 한다. 전 세계 열대 대양에서 떼를 지어 서식한다. 낮 동안에는 표층에서 260미터까지의 깊은 수심에, 밤에는 거의 표층에 머문다. 열대 해역에서는 산란이 연중 일어나고, 적도에서 멀어질수록 산란기가 짧아지는 경향이 있다. 알의 수는 크기와 서식지에 따라 다른데, 적도에서 40∼80센티미터 이상의 암컷은 한번에 8∼200만 개의 알을 낳는다. 어군 형성은 저온과 고온 사이의 경계, 수렴대conversion zone, 용승역upwelling area 및 기타 불연속 수층 등에서 이루어지는데, 이런 곳에 먹이가 모이기 때문이다. 대부분 어류를 먹이로 하며, 갑각류와 연체동물 등도 섭이한다. 섭이 활동은 이른 아침과 오후 늦게 이루어진다. 가다랑어는 때로 다른 다랑어류 및 새치류의 먹이가 되기도 한다.

표층에서 어군이 형성될 경우, 가다랑어는 물새, 나뭇조각, 상어, 고래 혹은 다른 종류의 다랑어와 함께 떼를 이루는데, 이때 점프를 하거나 거품을 만드는 등의 특이한 행동을 보이기도 한다. 이러한 현상을 관찰하여 가다랑어 어군을 찾기도 하는데, 한 참치 광고에 나오는 헬리콥터를 갖춘 원양선망어선은 주로 가다랑어를 어획하는 것이다. 가다랑어는 우리가 즐겨 먹는 통조림으로 가장 많이 쓰인다. 가

가다랑어

날개다랑어

장 맛있는 여름철에 회로 먹거나 다져서 먹기도 하고, 해수에 삶아서 말린 후 대패로 얇게 썰어 다시용으로도 쓰인다.

다랑어

날개다랑어*Thunnus alalunga*는 가슴지느러미가 아주 발달해 날개처럼 길다고 하여 이름 붙여졌는데, 가슴지느러미가 제2등지느러미를 지나 가랑이체장(주둥이 끝에서 꼬리지느러미의 오므라져 들어간 곳까지의 직선 길이)의 30퍼센트를 차지할 정도다. 날개다랑어는 90센티미터면 성숙을 하고 보통은 100센티미터 정도인데, 큰 것은 140센티미터 40킬로그램으로 9년생인 것으로 보고되었다. 영어로 알바코어albacore, 일본어로 빈나가びんなが, 鬢長라고 한다.

표층 수온 15~19도의 대양에 주로 서식하며, 더 큰 놈은 10도 이하의 더 깊은 수심에서도 발견된다. 다른 종류의 다랑어와 떼를 지어 다니기도 하는데, 이는 떠다니는 나뭇조각이나 해조류 덤불과 관련이 있는 것으로 알려져 있다. 날개다랑어는 수온불연속대(수온이 다른 두 물 덩

어리 곧 수괴가 만나 수평적으로 층을 이루는 띠) 주변에 모이기는 하나, 수온과 산소가 다른 수계를 넘어가지는 않는다. 그래서 대서양과 태평양에서 남반구와 북반구의 계군이 나뉘어 있는 것으로 생각된다. 산란은 연중 일어나지 않고 해역에 따라 다른 것으로 보아 산란 적정 수온이 있는 것 같다.

이 밖에도 연안성 다랑어류가 있다. 우리나라 연해에는 몸뚱이 아랫부분에 알 모양의 흰색 반점이 밀집해 있어 쉽게 구분되는 백다랑어 *Thunnus tonggol,* longtail tuna, コシナガ와, 가슴지느러미 아래에 작고 검은 반점이 여러 개 있어 구별되는 점다랑어*Euthynnus affinis*, kawakawa, mackerel tuna, black skipjack, スマ가 출현한다. 그리고 유사종으로 몽치다래*Auxis rochei*, bullet mackerel, マルソウダ와 줄삼치*Sarda orientalis*, striped bonito, tunny albacore, ハガツオ 등이 있다.

한 마리가 18억?
억 소리 나는
참치 전쟁

참다랑어를 '바다의 로또'라고 부른다. 그도 그럴 것이 2013년 일본 도쿄의 수산시장에서 222킬로그램짜리 참다랑어 한 마리가 무려 18억 원에 낙찰된 적이 있다. '18억짜리'를 잡았다면 그야말로 복권에 당첨된 셈. 이 참다랑어로 만든 초밥 한 접시를 원가로 따지면 60만 원 상당이라니, 감히 입에 넣을 수나 있겠는가. 아무리 참치 좋아하기로 둘째가라면 서러워할 일본이라지만, 이 정도면 '참치 사랑'이 아니라 '참치 전쟁' 수준이다. 물론 이는 아주 이례적인 경우에 해당한다. 그러나 보통 무게에 따라 몇 십만 원에서 몇 억 원까지 경매가가 호가한다니, 참다랑어의 몸값이 비싼 것은 분명하다.

사람들의 참다랑어 사랑으로 다랑어 자원은 급감하고 있다. 더욱이 국제적으로 다랑어 조업 규제와 보존 조치가 갈수록 심해지고 있다. 이러하니 과열 경쟁으로 경매가가 더 치솟고 있는 것이다. 이제는 다랑어도 양식이 대안이다. 하지만 쉬운 일은 아니다. 다랑어의 또 다른 별명이 '바다의 포르쉐'인데, 죽을 때까지 쉬지 않고 헤엄치기 때문이다. 추진력 하나는 끝내주는 물고기다. 바로 이 질주 본능이 다랑어 양식의 가장 큰 어려움이다. 60일쯤 키운 어린 다랑어는 꼬리지느러미가 발달하면서 헤엄칠 때 가속도가 붙게 되는데, 그물에 충돌해 상당수가 죽어 버린다. 또 알에서 부화한 뒤 개체마다 성장 속도가 달라서 큰 놈이 작은 놈을 잡아먹기도 한다.

참다랑어 양식은 일본 수산청 원양자원과에서 1970년부터 30년간 프로젝트가 수행되어, 2002년에 일본 긴키대학近畿大學에서 세계 최초로 완전양식에 성

어판장에 위판되는 참다랑어

공했다. 한 보도에 따르면, 긴키대학과 도요타통상豊田通商은 2014년 현재 연간 80톤(약 2000마리)인 참다랑어의 완전양식 생산량을 2020년 240톤(약 6000마리)으로 증가시키겠다고 발표했다.

우리나라는 국립수산과학원에서 2006년 참다랑어 양식 기술 개발에 관한 로드맵을 만들고, 그 후 외해가두리양식 가능성을 조사하기 시작하여 2010년에 지중해 몰타에서 수정란을 들여와 연구에 돌입한 지 1년 만에 인공 종자를 생산하는 데 성공했다. 2014년에는 2만 마리의 인공 종자를 월동시켜 중간 육성 기술까지 확보했고, 2015년 8월 9일과 11일 두 차례에 걸쳐 국내 최초로 국산 참다랑어 어미로부터 자연산란을 유도해 수정란 채집에 성공했다. 참다랑어 양식 기술이 수정란 생산, 종자 생산, 중간 육성, 완전양식 등 4단계로 분류할 수 있다는 점을 감안하면 현재 3단계까지 성공한 셈이다.

우리 바다에서도 다랑어가 심심찮게 잡힌다. 위판할 정도의 상품성 있는 다랑어도 있지만 상당수는 3~5킬로그램짜리 어린 놈들이다. 이렇게 잡힌 어린 참다랑어는 대부분 상품성이 없기 때문에 잡어로 분류되어 양식장 사료로 팔렸다. 그런데 2011년 전남 여수 앞바다 정치망에 새끼 참다랑어 110마리가 잡혔고, 이 참다랑어 새끼들을 여수 거문도 가두리에서 사육하여 65킬로그램까지 키웠다. 정치망은 잘만 작업하면 고기를 산 채로 잡을 수 있어 가능한 일이었다. 기특하게 이 4~5세가 된 참다랑어들이 양식장에서 수정을 하여 30만 개의 수정란이 만들어졌다. 마침내 한국산 참다랑어의 시조가 탄생한 것이다. 새끼 참다랑어를 어미로 키워서 수정란을 대량 확보함으로써 참다랑어 완전양식의 길이 열렸다.

바다에서 길고 긴 여정을 마치고
모천으로 회귀하는 능력은 과연
어디에서 오는 것일까?

우리나라 연어는 캄차카 반도를 지나
베링 해에 들어가 살다가 알래스카 만까지
회유한다. 거의 북태평양 가장자리를
왕복한다고 볼 수 있으니 몇 천 킬로미터나
되는 엄청난 이동 거리다.

생선을 잘 먹지 않는 서양인들이
즐기는 몇 안 되는 생선 중 하나가
연어다. 그래서 훈제연어나
연어스테이크 등 요리법도 서양에서
주로 발달했다.

다시 돌고 돌고,
그들만의 신비를 따라!

연어

연어가 바다에서 강으로 모천회귀를 하는 것은 자손을 퍼뜨려 종족을
유지하려는 진화의 산물이다. 그럼 어린 연어가 자기가 태어난 하천에서
그냥 살지 않고 그 먼 바다로 나가는 이유는 무엇일까? 물론 본능적
습성이겠지만, 왜 그렇게 진화되었는가 궁금해 하는 것이 과학적 사고일
것이다. 이는 연어에게 필요한 영양소를 섭취하여 산란을 위해 에너지를 비축하기
위한 생존 전략이다. 좁고 얕은 하천과 강에서는 먹이를 충분히 구할 수가 없었던
것이다. 이렇게 연어는 일생 단 한 번의 사랑을 쟁취하려고 광활한 대양으로 나가
평생을 실향민으로 방랑하며 산다.

거꾸로 강을 거슬러 오르는 저 힘찬 연어처럼!

젊은 시절 잘나갈 때 노래방에서 부르던 내 애창곡은 강산에의 〈라구요〉였다. 술에 취해 올라가지도 않는 목청을 온몸으로 끌어올려 부르던 노래. 고향을 가고 싶어도 못 가는 실향민 부모님을 그리는 그 노래가 왜 그리도 구슬펐던지. 그러다 같은 가수의 노래 목록에서 발견한 노래가 있었으니, 〈거꾸로 강을 거슬러 오르는 저 힘찬 연어들처럼〉이었다. 명색이 물고기 박사라면 당연히 알아야 하지 않겠는가 하는 강박관념으로 이 노래를 불렀다. "흐르는 강물을 거꾸로 거슬러 오르는 연어들의 도무지 알 수 없는 그들만의 신비한 이유처럼……." 이렇게 시작하는 노래를 부르다 보면 왠지 힘이 불끈 솟아오른다.

　그냥 노래만 부르고 즐기면 되는데, 여기서도 직업병이 도졌다. 강을 거슬러 올라가는 물고기의 습성은 소하성溯河性, 강오름, anadromous 이지,

241

강하성降河性, 강내림, catadromous 뱀장어와는 반대 방향의 회유 습성을 가졌구나. 그럼 삼투압 조절은 어떻게 다를까? 강산에가 본 저 연어는 어떤 종일까?

아마도 강산에가 본 연어는, 태백 준령의 어느 강에서 태어나 동해 바다로 내려가서 2~5년 동안 멀리 북태평양을 여행하다가 어른이 되어 다시 고향으로 돌아온 실향민이었을 것이다. 그 연어는 자기 엄마가 그랬던 것처럼 아빠를 만나 사랑을 하고 자기를 닮은 자식을 낳는 왕복성 어류로 모천회귀母川回歸를 했던 것이다. 연어는 한 번 산란하면 죽는다. 그것을 모를 리 없을진대, 이렇게 일생에 한 번 산란을 하려고 거센 물살을 치열하게 거슬러 오르는 광경은 눈물겹기까지 하다. 이 정도면 강산에의 질문에는 답을 한 셈이다. 그러나 바다에서 모천으로 산란 회유를 할 때 어떠한 요인들에 의해 정확히 목표 지점을 찾아가는가 하는 것은 아직도 풀리지 않은 수수께끼로 남아 있다.

연어의 모천회귀

연어의 생태에서 가장 큰 특징은 자기가 태어난 하천으로 산란하러 되돌아온다는 점과, 한 번 산란한 다음에는 죽는다는 점이다. 바다에서 길고 긴 여정을 마치고 모천으로 회귀하는 능력은 과연 어디에서 오는 것일까? 이러한 의문은 오랫동안 사람들에게 흥미 있는 문제로 제기되어 왔다. 이에 대해서는 여러 추측이 있다.

첫 번째, 연어의 회귀 능력은 환경 자극에 대한 유전적 반응으로, 어떤 회로가 염색체에 내포되어 있다는 학설이다. 이는 연어가 하천으로 돌아오는 날짜를 비행 스케줄처럼 정확히 예견할 수 있다는 데 근거를 둔다. 즉 같은 계군의 연어가 모천으로 회귀하는 날짜는 앞 세대가 회귀한 날짜와 거의 일치한다는 것이다.

두 번째, 태양의 위치나 천체의 특징을 이용한다는 설이다. 이유는 정확히 알 수 없지만, 연어를 북태평양의 여러 지점에 방류해도 몇 천 킬로미터나 떨어진 모천으로 돌아오는 것을 볼 때 나침반 같은 탐지 능력을 몸속에 갖고 있는 것 같다. 하지만 이 태양컴퍼스(태양 위치를 바탕으로 방위를 아는 동물의 본능)설 역시 연어가 야간에도 이동을 계속하는 점으로 미루어 정설이 될 수는 없는 것 같다.

마지막으로 연어는 모천을 찾는 후각이 발달되어 있다는 설이 있다. 과학자들은 연어의 코를 막는 실험으로, 연어가 태어났던 하천 가까이에 오면 헤엄치는 방향을 결정하는 데 후각을 이용한다는 사실을 알게 되었다. 일단 모천수의 영향권에 진입하면 어린 시기 하천에 살 때 인지했던 모천수의 독특한 냄새를 찾아 회귀 연어 중 90퍼센트 이상이 모천으로 거슬러 오른다고 한다. 하천마다 각각의 독특한 화학 성분이 있고, 모천의 냄새를 기억하는 연어는 개가 주인의 냄새를 잊지 않듯이 자기가 태어난 모천으로 돌아올 수 있다는 것이다. 이러한 회귀 본능은 연어의 종류에 따라 다른데, 어떤 놈은 돌아온 하천에서도 일정한 장소에만 산란하려고 하는 매우 강한 집착을 보이기도 한다. 이것은 강의 지류마다 각각의 생물학적 특성을 가진 독립된 계군으로 번성한다는 사실로 미루어 알 수 있다. 그것은 우수한 종족이 번식을 위하여 종족 특유의 조건에 알맞은 산란장을 찾는 습성이 있기 때문으로 추측된다.

일반적으로 어류는 해류의 움직임에 따라 일정한 회유 경로가 정해져 있는 것으로 알려져 있다. 특히 해류와 냉수성 연어의 회유는 깊은 관계가 있는 것 같으나, 해류만으로는 회유의 신비를 풀 수 없다. 그 밖에도 지구 자기의 흐름을 감지하여 이동한다는 자기설이나 해수의 온도 또는 염분 차이를 감지하여 회유한다는 설이 있으나, 연어의 모천회귀 능력을 완전하게 설명하는 이론은 아직 없다.

이렇게 해서 모천으로 돌아온 어미 연어는 일단 강어귀 민물로 들어서면 먹이를 먹지 않는다. 그동안 연어 스스로 비축해 둔 지방과 근육을 써서 산란 둥지를 만들고, 경쟁자와 우열 싸움을 하고, 산란하는 동안 힘쓰며 그 체력으로 버틴다. 모천에 도달한 암컷 연어는 깨끗한 모래와 자갈이 있는 수심 3미터 이내에, 알에 산소를 충분히 공급할 수 있는 초속 20센티미터 정도로 유속이 빠른 살여울을 찾는다. 산란하기에 적합한 장소를 찾아내면 꼬리가 다 해지도록 자갈과 모래를 파내 50센티미터 깊이의 홈을 만들고, 주변을 깨끗이 치운 후에 산란 준비를 한다.

바다에서 민물로 들어오면서 연어는 여러 생리적 변화가 생기는데, 우선 밝고 화려한 혼인색(번식기에 다른 성의 개체를 끌기 위해 나타나는 색이나 무늬)을 띠게 된다. 곱사연어의 수컷은 등에 볼록하게 혹부리가 생기며, 위턱 또는 아래턱이 길어지면서 구부러져 갈고리 모양으로 휘고, 날카로운 송곳니가 생긴다. 수컷은 산란장을 만들고 있는 암컷에게 구애하려고 다른 수컷들과 싸우는데, 동물의 세계에서는 힘센 놈이 암컷의 눈에 들어 첫날밤을 치른다. 짝짓기를 하는 암수 연어들은 절정에 오르면

모천을 찾아 힘차게 뛰어오르는 연어

입을 벌리고 파르르 떨면서 사랑을 나누고는 곧 죽게 되니, 얼마나 격정
적이고 아름다운 광경인지 부럽기까지 하다.

　연어가 바다에서 강으로 모천회귀를 하는 것은 자손을 퍼뜨려 종족
을 유지하려는 진화의 산물이다. 그럼 어린 연어가 자기가 태어난 하천

연어의 수정란(왼쪽)과 부화된 연어 자어

에서 그냥 살지 않고 그 먼 바다로 나가는 이유는 무엇일까? 물론 본능적 습성이겠지만, 왜 그렇게 진화되었는가 궁금해 하는 것이 과학적 사고일 것이다. 이는 연어에게 필요한 영양소를 섭취하여 산란을 위해 에너지를 비축하기 위한 생존 전략이다. 좁고 얕은 하천과 강에서는 먹이를 충분히 구할 수가 없었던 것이다. 이렇게 연어는 일생 단 한 번의 사랑을 쟁취하려고 광활한 대양으로 나가 평생을 실향민으로 방랑하며 산다.

연어, 종류도 가지가지

연어는 분류학상으로 연어목 연어과 연어속에 속하는 냉수성 어류다. 태평양에 홍연어sockeye salmon, 은연어coho salmon, 왕연어chinook salmon, 연어chum salmon, 시마연어cherry salmon, 곱사연어pink salmon와 강철머리송어steelhead trout(무지개송어류의 일종) 등 7종이 분포하며, 대

서양에는 2종이 서식한다. 연어류
와 송어류는 종에 따라 등 표피와
꼬리지느러미의 검은색 점인 흑색
소포(멜라닌 입자를 함유한 색소 세포)가
다른 특징을 가지며, 잇몸gum 색깔
과 이빨 유무로 종을 구분한다. 그
러나 우리나라에는 이 모든 종이
자연 상태에서 서식하지는 않으며,
연어와 시마연어 등의 2종만 볼 수
있어 아직은 낯설다.

　우리나라에서 주로 볼 수 있는
연어Oncorhynchus keta는 동해를 비
롯하여 일본 연안, 북해도, 쿠릴 열
도, 캄차카 반도, 알래스카, 캐나다
서부 연안까지 북태평양 차가운 바
다에 널리 분포하는데, 특히 아시
아 쪽에 많이 서식한다. 서양에서
는 첨새면chum salmon 또는 도그새
면dog salmon이라 부르는데, 'chum'
은 '친구' 또는 '사이좋게 지내다'
라는 뜻이다. 개dog만큼 인간과 친
숙한 동물이 또 어디 있겠는가. 일

우리나라 연어의
회유 거리

연어는 얼마나 먼 거리를 어디까지 회
유할까? 우리나라 연어는 캄차카 반도
를 지나 베링 해에 들어가 살다가 알
래스카 만까지 회유한다. 거의 북태평
양 가장자리를 왕복한다고 볼 수 있으
니 몇 천 킬로미터나 되는 엄청난 이동
거리다. 이와 같은 회유 경로를 밝히
기 위해 표지 작업tagging을 하는데,
2007년 7월에 동해에서 방류한 연
어가 베링 해에서 포획되었다는 결과
가 연어 관련 국제위원회 과학자 회의
에 보고되었다. 보통 3~4년 정도 회
유를 하면서 성숙되는데, 여러 학자들
이 이러한 회유 경로를 파악하려고 불
철주야 연구에 힘쓰고 있으니 조만간
상세한 회유 생태가 밝혀질 것으로 기
대한다. 생활사에 따른 각 해역에서의
성장 정도는 다른데, 기후나 해양 환
경 변동이 동물플랑크톤 양을 변화시
키고, 이 먹이생물 변화가 연어 성장
과 밀접한 관계를 보인다.

어로는 사케サ〜라 부른다. 일본 술인 사케와 동음이의어다. 기쁠 때나 슬플 때나 인간에게 가장 가까이 있는 친구는 술이라는 개인적 생각까지 더하여 보니, 동서양을 막론하고 연어라고 하는 종은 연어류 중에서도 가장 보편적이고 친근한 대표 종 같다. 이쯤 되면 연어라는 하나의 종이 연어의 집합명사와 헷갈리는 것을 막기 위해서라도 연어라는 종에 접두어를 붙이면 어떨까 싶다. 첨연어와 비슷한 어감의 참연어. 우리나라 물고기 이름에서 보편성과 대표성을 부여할 때 '참眞'을 붙이니 말이다.

연어는 겉보기에 꼬리자루가 좁고, 뒷지느러미 가장자리가 희다는 특징이 있다. 가을(9~11월)에 하천으로 강오름하여 산란을 한다. 약 60일이 지난 이듬해 이른 봄에 부화하여 어린 치어기까지 하천에서 자라고, 5센티미터 정도가 되는 3~4월에 바다로 이동하여 살다가 3~4년 만에 어미가 되어 회귀한다. 최대 100센티미터에 16킬로그램 크기로 연어과 어류 가운데 왕연어 다음으로 큰 것으로 알려져 있다. 그러나 우리나라 연어의 평균 체장과 체중은 63.4센티미터와 2.4킬로그램으로 일본과 북미의 연어보다 작고 가벼운데, 이는 우리나라 연어가 주로 분포

연어

시마연어

산천어

하는 서식지가 가장자리에 속해 있기 때문일 가능성이 있다.

시마연어*Oncorhynchus masou*는 아시아에만 분포하며 캄차카 반도 주변 해역에 많다. 실제 러시아 시마 지방에서 잡힌다고 하여 시마연어라는 이름이 붙여졌다. 시마연어는 봄(4~5월)에 하천으로 올라와 가을에 산란한다. 이듬해 봄에 부화하여 1년 정도 하천에서 자라다가 일부는 하천에 머물고, 일부는 바다로 이동한다. 바다로 이동한 강해형降海型 연어를 시마연어cherry salmon, 일어로는 사쿠라마스サクラマス라고 하며, 2~3년 만에 어미가 되어 산란을 위해 강으로 회귀한다. 동해안 지방에서는 봄철에 바다에서 잡은 시마연어를 송어, 바다송어, 참송어라고도 부른다. 바다로 내려가지 않고 민물에서 사는 육봉형陸封型을 산천어 masou salmon, 일어로는 야마메ヤマメ라 하는데 주로 수컷이며, 우리나라

동해안, 일본 서북부, 동북아시아 하천에서 서식한다.

홍연어*Oncorhynchus nerka*는 바다로 가는 강해형과 하천에서만 사는 육봉형의 두 종류가 있다. 바다로 회유하는 강해형 홍연어는 북태평양 연안, 북해도, 동해안 북부에 분포하고 우리나라에는 서식하지 않는다. 이빨이 거의 없으며, 눈은 두드러지고 산란하러 하천으로 올라오면 몸에 붉은색을 강하게 띤다. 여름에서 가을까지, 지역에 따라서는 12월까지 산란한다. 이러한 생태 특징은 이름에도 나타난다. 영어로 속아이새면 sockeye salmon 또는 레드새면red salmon은 눈의 생김새와 혼인색이 유난히 붉은 데서 비롯된 것 같다. 일어로는 베니자케ベニザケ라 부른다.

모천에 도달하면 머리와 등은 녹색이 되고, 옆면은 붉은색으로 변해 혼인색을 띤다. 산란할 때가 된 암컷은 짝짓기 할 수컷 이외의 다른 수컷이나 암컷에게 공격적으로 대한다. 암컷이 자갈을 파서 둥지를 만들어 들어가 앉으면 곧바로 수컷이 따라 들어와 부르르 떨며 방란과 방정이 이뤄진다. 암컷은 둥지를 자갈로 덮고 자리를 옮겨 또 다른 둥지에 산란을 반복하는데, 3~5일 동안 3~5개의 산란장을 만든다. 첫해 여름에 바다로 내려가지만, 특이하

홍연어

은연어의 생활사

    캐나다의 초등 저학년 동화책이 묘사하는 은연어의 생활사는 아주 세밀하다. 딸아이가 캐나다에서 초등학교를 다닐 때 보던 동화책의 주인공은 연어였는데, 그림 색깔은 중간색을 썼는데도 무척 사실적이고 과학적 정보를 바탕으로 스토리가 흘러갔다. 그 내용을 간추려 서술해 보자면, 11월 늦은 가을에 산란과 수정이 이루어지면 어미는 11~12일 만에 죽는다. 12~1월에 부화하여 유어alevin가 되면 배 아래 붙은 난황을 흡수하며 자란다. 3~4월이면 난황을 다 흡수하고 치어fry가 되어 먹이 사냥을 시작하는데, 다른 한편 옆구리에 파마크parr mark라는 세로줄 무늬가 생겨 포식자로부터 위장을 한다. 하천에서 1년이 지난 4~5월이 되면 미성숙어smolt가 되어 바다로 내려가는데, 이때 파마크는 옅어지고 비늘이 은색으로 덮여 바다에 적응하게 된다. 이 부분에서 해석을 덧붙이면, 물결이 어른거리는 하천 여울에서는 위장술로 유용한 세로줄 무늬가 수심이 깊은 바다로 가면 쓸모가 없어지니 개체발생의 변화가 일어나는 것이다. 신비롭기까지 하다.

    어린 은연어는 바다와 만나는 하구에 다다르면 긴 여행을 위해 먹을 수 있을 만큼 많이 먹어 이전보다 더 커지고 더 강해진다. 6월이면 바다로 들어가는데, 이때 몸 색깔은 더 진해져서 등은 어두운 검은색으로, 옆구리와 배는 은색으로 변한다. 16~18개월 동안 바다에서 살다가, 이듬해 여름 6개월에 거쳐 모천으로 회귀한다. 민물로 들어간 뒤 먹는 것을 중단하고 저장된 지방을 소비하며 산란을 준비한다. 피부는 두꺼워지고 껍질은 가죽 같아지며 주둥이는 구부러지고, 알이 성숙해지면서 몸이 부풀어 오른다. 수컷은 혼인색을 띤다.

    은연어의 일생을 이보다 잘 정리하기는 쉽지 않다. 동화책으로도 과학적 지식을 제대로 전하고 좋을 책을 다독할 여유가 있는 사회가 부럽다.

은연어

왕연어

게 하천과 호수에서 1~3년간 자라다가 바다로 내려가 3~4년
간 성장하여 산란회유를 하는 계군도 있다. 육봉형인 코카니kokanee
(일어로는 히메마스ヒメマス라 한다)는 주로 호수에서 보내는데, 2~7년 산다.
연어 중 맛이 가장 좋다고 하지만, 맛이야 개인 취향이다.

　　은연어Oncorhynchus kisutch는 캄차카 반도, 캐나다와 미국의 서부 연안
에 분포한다. 잇몸은 희고 혀는 검은색을 띤다. 꼬리지느러미가 절형이
다. 몸 빛깔이 은빛이라 실버새먼silver salmon이라 부르는 것은 알겠는데,
더 일반적으로 부르는 코호새먼coho salmon의 유래는 알지 못한다. 일어
로는 긴자케ギンザケ라고 한다. 은연어는 우리나라 연안에 자연적으로
는 서식하지 않으나, 최근 이식 승인을 받아 양식 가능한 종으로 시험
양식을 하고 있다. 그만큼 맛이 좋다는 것으로, 서양에서는 홍연어 다음

곱사연어

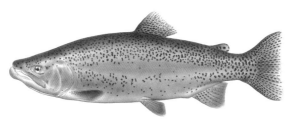

무지개송어

으로 선호한다.

왕연어*Oncorhynchus tshawytscha*는 북태평양 북쪽 연안과 캄차카 반도에 주로 분포하며, 우리나라에는 서식하지 않는다. 잇몸이 검고, 꼬리에는 반점이 많다. 최대 체장 150센티미터, 체중 61킬로그램으로 연어 중에서 가장 큰 대형종이며, 알의 수도 1만 3000개 정도로 가장 많다. 최대 수명은 9세에 이른다. 치어기 1년 동안을 하천에서 보내고 바다로 내려가 살다가 5~7년 만에 회귀하는데, 그 거리가 4000킬로미터를 넘는다. 치눅새먼chinook salmon은 북미 원주민인 치누크족과 관련이 있어 붙은 이름인 듯하고, 킹새먼king salmon은 '왕' 커서, 그리고 스프링새먼spring salmon은 봄에 출몰해서 붙은 이름 같다. 이렇게 사연이 많을수록 이름

도 다양하다. 일어로는 마스노스케マスノスオ라 부른다.

곱사연어*Oncorhynchus gorbuscha*는 표피 비늘은 작고 꼬리지느러미에 큰 타원형 반점이 많아서 구분하기 쉽다. 북태평양 전역에 분포하는데, 우리나라 동해안에서는 봄철에 회유하기도 한다. 가을 산란기가 되면 강으로 올라오는데, 이때 수컷의 등이 혹처럼 부풀어 오르고 머리와 이빨이 커지는 2차 성징이 나타난다. 서양에서는 옆구리에 분홍빛을 띤다 하여 핑크새먼pink salmon 또는 곱사등이처럼 등에 혹이 있다 하여 험프백새먼humpback salmon이라는 이름을 붙였으며, 일본에서는 가라후토마스カラフトマス, 우리나라 동해안 일부에서는 개송어라고도 부른다. 치어기에 하천에서 자라다가 바다로 이동하여 성장하고, 16~18개월 후에 다시 산란하러

북태평양 연안국의 연어 종별 어획량(2012년)

북태평양 연안국	연어종	어획량(톤)
총계		889,592
러시아	곱사연어	292,478
	연어	99,034
	홍연어	44,057
	은연어	4,369
	왕연어	528
	시마연어	8
소계		440,474
미국	곱사연어	114,326
	연어	81,388
	홍연어	97,385
	은연어	11,288
	왕연어	6,549
소계		310,936
일본	곱사연어	4,912
	연어	122,466
	홍연어	1
	은연어	2
	왕연어	17
	시마연어	743
소계		128,141
캐나다	곱사연어	1,140
	연어	4,980
	홍연어	2,150
	은연어	740
	왕연어	1,020
소계		10,040

모천회유를 한다. 연어과 어류 중에서 성장이 가장 빠르나 크기가 작아 주로 통조림용으로 쓰인다.

무지개송어 *Oncorhynchus mykiss*는 연어류와 송어류 중에서 외모가 가장 아름다운 물고기다. 일생 동안 옆구리에 붉은 띠를 가지며, 등이 초록색이고 배 쪽은 황색에 가까워 마치 무지개 색깔을 띤 것 같아 이름 붙여졌다. 영어와 일본어 이름 또한 무지개송어란 뜻의 레인보우트라우트 rainbow trout와 니지마스ニジマス이다. 《한국어도보》(1977년)에는 1965년 최초로 수정란을 갖고 들어온 정석조 씨의 이름을 붙여 '석조송어'로 기재되었으나, 학계와 업계에서는 이미 세계적으로 통용되고 있는 무지개송어라는 이름을 사용한다. 현재 우리나라에서 양식되는 송어는 육봉형인 무지개송어다. 무지개송어는 북미 서부 지역, 알래스카, 우리나라, 일본을 비롯하여 전 세계에 양식종으로 이식되었다. 다른 연어과 어류에 비해 상대적으로 따뜻한 물에 살지만, 그래도 여름 수온이 25도 이상 되는 곳에는 살지 않는다. 수컷은 2년, 암컷은 3년이면 성숙하며 북반구에서는 11~5월, 남반구에서는 8~11월에 한번에 700~4000개의 알을 낳는다.

연어에 관한 옛 기록

연어는 최근에 노르웨이나 러시아 등지의 서양에서 수입되어 들어온 생선으로 알고 있다. 그렇다면 우리나라에는 연어가 없었을까? 고전을 살펴보니, 우리나라에서도 예전부터 연어를 먹었다는 기록이 있다. 《훈몽자회》에는 '연鰱' 자를 '런어 런'이라고 적고, 《신증동국여지승람》에도 연어를 '鰱魚'라고 쓰며, 《난호어목지》에는 연어를 '年魚'라 했다. 그 당시에도 연어라는 존재가 명확했음을 말해 준다. 중국 사신이 건어물 무역을 의뢰해 함길도(지금의 함경도)와 강원도에 건연어를 때맞춰 준비하게 했다는 《세종실록지리지》의 기록과, 함길도에서 어류, 육류, 진상품 등을 맡아 보는 조선의 관청인 사재감에 연어를 바쳤다는 기록 등으로 보아 동해의 북쪽 바다에서 연어가 서식했음을 알 수 있다. 《세종실록지리지》에 따르면, 두만강 지류인 함경도 고원군 덕지강은 연어가 많이 나기로 유명하고, 연어가 토산품인 지방이 함경도에 많고 강원도와 경상도 지방도 몇몇 있었다고 한다. 뿐만 아니라 연어는 어전漁箭(고기 잡는 대나무살)을 설치해 잡았으며 어리漁利(어업상의 이익)는 전국에서 함경도가 최고라는 《신증동국여지승람》의 구체적 기술을 통해서도 동해안에서 연어가 어획되었음을 확인할 수 있다.

　허균의 문집 《성소부부고》에서는 "연어는 동해에 있는데, 알젓은 좋은 안주이다"라고 했다. 또한 서유구의 《난호어목지》에는 연어에 대하여 "동해에 일종의 물고기가 있는데 큰 것은 길이가 두서너 자이고 비늘은 가늘며, 청색 바탕에 고기의 빛깔은 담적색이다"라고 했으며, 그 알을 설명하여 "알의 모양이 명주明珠(밝은 구슬) 같고 빛깔은 담홍색인데 소금에 절이면 심적색이 되고 삶으면 다시 담홍색이 되며 빛깔 중에 심홍색의 한 점이 있다"고 했다. 연어 고기와 알에 대한 기술이 매우 관찰적이다. 뿐만 아니라 "그 알은 도읍 사람들이 매우 좋아한다"고 하면서 연어의 이용에 대해서도 상세히 기록되어 있다. 이와 같이 조선시대에 이미 연어를 건제품이나 염장품으로 가공했고, 알은 젓갈로 가공하여 이용했음을 알 수 있다.

1890년대 원산 앞 영흥만과 연결되는 여러 하천에 연어가 많이 강오름하여 작살로 찔러 잡는 어법만으로도 하루에 2000~3000마리를 어획할 수 있었다는 조사 기록이 있다. 또 한말 자료에는, 두만강에 강오름하는 것이 가장 많으며 하천에 어망을 설치해 놓고 연어가 그물에 들면 작살이나 몽둥이로 이를 잡았다고 기술되어 있다. 당시 어획량은 두만강에서 연간 50만 마리, 덕지강과 용흥강에서 2만~3만 마리였다고 한다. 그러나 연어가 어획량이 많은 생선으로 취급되지는 않았다. 오늘날에도 강원도와 경상도의 하천에 올라오기는 하나 그 수가 많지는 않다.

연어 치어의 인공생산과 방류 역사

강원도 양양 남대천에서는 인공부화하여 겨우내 키운 어린 연어를 매년 봄 방류하고 있으나, 어미 연어의 회귀율이 점점 낮아지고 있다. 무엇보다도 연어가 회귀하는 하천의 물이 오염되고 골재 채취로 산란 장소가 사라지는 것을 원인으로 들 수 있다. 근본적으로는 수변이 점점 도시화되면서 울창했던 숲이 줄어들어 계곡과 하천의 수온이 높아지니, 냉수성 연어가 살기에 적합하지 않게 되고 모천회유도 점차 어려워지는 것이 아닐까. 연어 보존 대책이 시급하나 도시의 끝없는 현대화와 인간의 탐욕을 막기란 현실적으로 쉽지 않다는 것이 딜레마다.

인공부화하여 생산된 어린 연어

현재 과학이 할 수 있는 일은, 산란하러 올라온 어미 연어를 잡아 알을 짜내고 인공적으로 수정 및 부화를 시켜서 어느 정도 자라 생존율이 높아지는 크기까지 안전하게 키운 다음 자연에 대량 방류하는 기술을 개발하는 것뿐이다. 우리나라에서는 이와 같은 일련의 기술 개발을 과거 국립수산과학원에서 맡았었는데, 지금은 한국수산자원관리공단FIRA 내수면생명자원센터에서 지속적 사업으로 자원을 증식시키고 있다.

우리나라 연어 치어 생산 및 방류에 대한 역사를 통해 연어 자원 조성의 노력을 살펴보겠다. 1913년 함경남도 고원군에 처음 일본인에 의해 관영연어인공부화장이 건립되었고, 1920년에는 금강산에 민영송어인공부화장이 설립되었다. 남쪽에서는 1925년에 경상북도 영덕군 강구면 소월동의 강구 오십천변에 강구어업조합에서 연어인공부화장을 시설하여, 1959년 사라호 태풍으로 시설물이 파괴되기 전까지 30년 넘게 20만 마리의 어미를 포획해 760만 개의 알을 채란하고 535만 마리의 치어를 방류했다고 기록되어 있다.

해방 이후인 1949년에는 진해양어장(지금의 국립수산과학원 내수면양식연구센터)에서 우리 손으로 처음 연어 알 10만 개를 채란하여 부화시켰다. 정부 차원에서 주도한 최초의 연어 자원 조성 사업은 1957~1961년 5년간 중앙수산시험장 주관 진해양어장에서, 경남 밀양강과 경북 강구 오십천에서 연어 소상 조사와 함께 인공부화 및 방류를 실시했다. 이후 1968년 9월에는 삼척연어부화장(지금의 삼척시 내수면개발사업소), 1969년에는 밀양과 강구에 3개 부화장을 설립하여 미국에서 발안란(알의 발달 단계에서 눈이 형성된 단계의 알)을 가져와 부화시키는 등 연어 자원 조성을 위한 본격 사업이 실시되었다. 밀양 연어부화장(지금의 경남 민물고기연구센터)은 낙동강의 오염과 하굿둑 공사로 밀양강의 어미 소상량이 격감함에 따라 1983년 연어 사업을 중단했으나, 최근 사회적 관심이 커지면서 사업을 재개했다.

우리나라 동해안의 연어 회귀량은 1988년부터 1만 마리 이상으로 증가했으며, 1990년부터는 정치망 어업이 가능해져 연평균 9만 마리 이상을 어획한다. 1997년은 21만 마리가 어획되어 가장 많이 회귀한 해가 되었다. 방류량도 1990년 이후 1000만 마리 이상이었으며, 2014년에는 2800만 마리 이상을 방류하여 가장 많이 방류한 해가 되었고, 방류 하천도 울산 태화강과 전남 섬진강 등이 추가되어 18개 하천으로 확대되

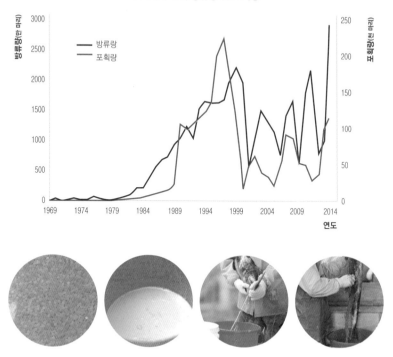

우리나라 연어 방류량 및 포획량

어미 연어에게서 알과 정자를 채취하여 인공부화키시는 과정

었다.

　FIRA 양양연어사업소에서는 매년 10월 11일부터 11월 30일까지 가을이면 산란하러 모천회귀를 하는 '어미 연어 맞이하기' 생태체험행사를 연다. 이때 잡은 어미 연어에게서 얻은 알을 인공적으로 수정 및 부화시켜 이듬해 3월 봄 '어린 연어 보내기' 방류체험행사를 한다. 연어 자원 조성과 관리에 대한 범국민적 관심을 이끌어 내기 위해서다.

연어알

연어의 영양 분석

연어는 단백질과 지질 함량이 높고, 비타민과 무기질 및 칼슘도 골고루 함유하고 있다. 또한 고도불포화지방산인 DHA, EPA 등 오메가-3지방산이 풍부하다는 것은 상식에 가깝다.

이러한 영양분 덕택인지 연어는 기능성 신물질 개발에 많이 이용된다. 동맥경화, 고혈압, 심근경색, 뇌졸중, 당뇨병 등의 성인병 예방과 노화 방지에 효과적이라고 하니 진시황이 찾았다는 불로장생의 식품이 바로 연어 아닐까. 특히 오메가-3지방산은 중성지방을 낮추고 혈액 순환에 도움이 되어 심장병 예방에 효과적인 것으로 알려져 있다. 이 밖에도 연어에 많은 붉은 색소, 즉 천연 카로티노이드의 일종인 아스타잔틴을 원료로 하는 드링크제가 출시되어 노화 방지, 피로 회복, 시력 개선에 도움이 되는 건강기능성 음료로 일간지에도 자주 소개되고 있다. 연어 껍질에 함유된 콜라겐은 사람의 피부에 스며들기 쉬워 주름 개선에 탁월하며 살갗 거친 데 특효다. 오메가-3지방산은 다크서클 개선에도 효능이 있어 최고의 화장품 재료로 알려져 있으며, 캐나다와 일본에서는 천연 화장품으로 많은 인기를 누리고 있다. 뿐만 아니라 연어에서 추출한 특정 성분을 함유한 창상 치료제가 출시되고 있으니, 수산물이 주는 혜택은 무한하다고 할 수 있다.

그러나 그 무엇보다 연어는 식품으로 이용되는데, 국내의 모 수산기업에서는 알래스카 자연산 연어를 이용한 가공식품을 출시했고, 연어 식품은 앞으로 1000억 규모의 시장으로 성장할 전망이다.

연어는 좀 특이한 생선이다. 생선을 잘 먹지 않는 서양인들이 즐기는 몇 안 되는 생선 중 하나가 연어다. 그래서 훈제연어나 연어스테이크 등 요리법도 서양에서 주로 발달했다. 우리나라에서는 연어가 흔한 생선이 아니었으나, 몇 년 전부터 수입이 본격화되면서 레스토랑은 물론 가정에서도 요리해 먹는 경우가 늘고 있다. 식감을 중요시하는 우리나라 사람들의 식성에 연한 연어가 맞을까 하는 의구심이 무색하게 연어를 즐기는 사람들이 많아졌다. 역시 우리나라는 먹방의 천재다. 뒤늦게 먹기 시작한 연어로 서양보다 더 다양한 요리를 개발했다. 연어회, 연어초밥, 연어버터구이, 연어꼬치, 연어샌드위치 등이 그것이다. 나는 개인적으로 아내가 해 주는 연어샐러드를 좋아한다. 캐나다에서 공부할 때 실험하고 얻어 온 생연어를 요리해 먹던 기억이 아직도 아련하다. 지금은 훈제연어에 어린잎 채소와 양파, 양상추, 케이퍼를 넣고 소스를 뿌린 연어샐러드를 곁들여 와인을 한잔 마시면 그 맛이 일품이다. 이제 와인이 보편화되면서 어울리는 안줏감으로도 연어의 소비는 계속 늘어날 것 같다. 이런 현상이 음식의 사대주의 때문일까? 경험의 다양화 때문일까?

사실 내가 연어를 제대로 알게 된 것은 2005년 캐나다에서 박사후과정을 할 때다. 그전까지는 서양에서 즐겨 먹는 생선으로 여기거나 수입한 훈제연어를 한 조각 맛보는 정도였다. 당시 내가 근무하던 태평양생물연구소에서 진행된 연구 가운데 연어에 대한 과제가 많아서 자연스럽게 보고서나 논문들을 접하게 되었고, 승선조사를 하면서 채집된 연어로 실험을 했다. 이웃집 파티에 초대되어 가 보면 항상 연어바비큐와 연어샐러드가 나오고, 딸아이의 초등학교 문학책과 수학책의 주제도 늘 연어였다. 심지어 과정을 마치고 귀국할 때 연구소와 이웃이 마련해 준

환송파티에서 받은 선물도 연어 목각이었다. 다운타운 아트센터에 펼쳐진 작품에도 연어가 그려져 있고, 상가에도 연어를 소재로 한 기념품이 즐비했다. 특히 미국에서는 아메리카인디언이라고 불리는 캐나다 원주민 전통의 기하학적 연어 형상이 눈길을 끌었다. 실제로 원주민들은 오래전부터 바다에서, 그리고 강에서 쉽게 연어를 어획하여 먹어 왔다. 이들에게 연어는 생활 그 자체였다. 원주민들은 연어를 자연의 일부로 생각하며 경이롭게 여겼고, 그래서 생존에 필요한 만큼만 어획하며 함부로 하지 않았다. 오늘날 캐나다의 수산자원 관리 규제가 강화되었지만 이들 원주민에게는 관대하다. 원주민은 원래부터 바다와 연어를 근간으로 살아왔음을 인정해 주는 것이다.

그 무렵 이웃에 사는 네오탁이란 이름의 교포를 만났는데, 그는 뱀필드라는 밴쿠버 섬 서부의 오지에서 원주민들과 함께 생활하면서 생태적 삶을 살아가는 산림학자였다. 지금은 고인이 된 그는 《숲은 연어를 키우고 연어는 숲을 만든다》를 쓴 탁광일 박사다.

"숲과 연어의 관계는 사실 이곳 원주민들은 옛날부터 전해 내려오는 조상의 지혜를 통해 이미 알고 있던 사실이다. 그들은 나무나 식물을 포함한 모든 생물은 영성을 지니고 있으며 숲은 연어의 양부모라고 믿었다. 태어나자마자 부모의 보살핌 아래 안전한 어린 시절을 보내는 다른 동물들에 비해, 새끼 연어는 부모 없이 불안하고 외로운 유년기를 보낸다. 개울 주위의 나무들은 어린 연어를 가엾게 여겨 낙엽이나 잔가지를 떨어뜨려 줌으로써 연어가 먹을 양분을 대 주고, 심지어 자신의 몸을 개울물에 던져 물웅덩이를 만들어 은신처를 마련해 준다. 숲이라

연어스테이크

캐나다 밴쿠버 섬 서부 해안에 있는 뱀필드 바닷가

는 양부모의 보살핌을 받은 어린 연어는 바다로 나가 몸집을 크게 불려 돌아온 다음, 다시 숲에다 기꺼이 자기 몸을 바침으로써 양부모의 은혜를 갚는다."

연어와 숲의 관계를 어떠한 과학적 설명보다도 감동적으로 표현했다. 숲이 우거진 하천은 그늘을 만들어 강물을 차게 유지함으로써 냉수성 연어에게 산란장과 어린 연어의 보육장을 제공하고, 모천회귀를 해

서 산란하고 죽은 어미 연어는 숲에 자양분을 제공함으로써 숲을 유지
하는 공생과 순환의 세상을 설파했다. 이것은 원주민의 순환cycle하는
원circle 사상과 맥락을 함께한다. 결국 연어도 숲도 다 자연의 일부다.
인간 역시 마찬가지다.

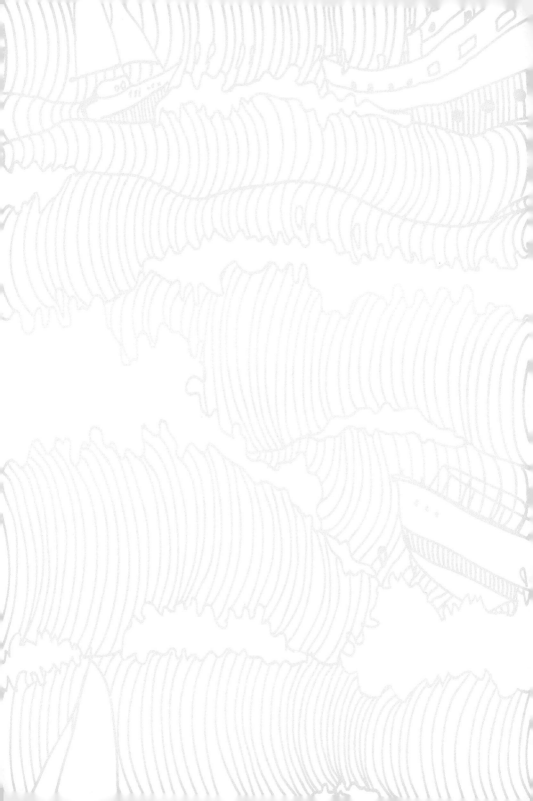

느리지만
건강하게
'바다
한 그릇'
하실래요?

3

사연 많은 섬,
위도에 무슨 일이?

위도는 율도국이요,
서해훼리호가 침몰한 바다요,
방폐장이 계획되었던 섬으로
과거사와 현대사 모두 사연이
많았던 곳이다.

중국 사람들은 예부터 홍합을
동해부인이라 불렀고,
이 홍합을 많이 먹으면 속살이
예뻐진다고 믿었다. 중국의
동해는 우리의 서해, 즉 황해를
말할 테고, 속살이 예뻐진다는
말은 성적 매력이 생긴다는
의미다. 동해부인이라고 부른
뜻을 이해할 만하다.

내가 사랑한 섬,
그 질펀한 사연

위도
와
홍합

1970년대까지도 위도는 칠산 앞바다의 풍요로운 어장에서 잡아 올린 조기 파시로 명성을 날렸다. 사실 조기로 유명한 곳은 영광군 법성포구다. 바로 앞 칠산 바다에서 조기를 잡아 굴비로 가공하기 때문이다. 영광군과 위도는 각각 전라남도와 전라북도에 속하지만, 지도를 자세히 들여다보면 지척이다. 과거 언젠가는 위도가 영광군에 속하기도 했다. 정리해 보건대 영광 앞바다에서 위도 주변 해역을 통틀어 칠산 바다라 했을 것이다.

청정 해역을 거느린
원초의 섬

물고기를 따라다녀야 할 팔자인 수산 전문가에게 현장 조사차 들른 해안 포구와 섬, 그 와중에 만난 사람들은 단순 여행자의 그것과는 다른 각별한 의미가 있다. 여러 해를 사귀며 미운 정 고운 정 다 든 주민들은 느닷없이 연락해도 어제 만난 친구처럼 반갑게 맞아 준다. 서로 뜻밖의 도움을 주고받을 때도 있다. 이렇게 만난 사람과 장소에 관한 사연이 묵어 잘 익은 막걸리처럼 이제 향긋한 이야기가 되어 간다. 물고기를 다루느라 앞에서 미처 다 담지 못한 포구와 섬 이야기를 한차례 풀어 놓으려 한다. 어떤 분야든 늘 현장에 답이 있는 법. 우리라고 다를쏘냐. 포구와 섬, 바다는 자연과 지형, 역사를 파악하는 것이 통합 연구의 연장이라는 건조한 변명을 굳이 갖다 붙이지 않더라도 실핏줄 같은 사연으로 연구에 활기와 숨을 불어넣어 주었다.

섬으로 들어가는 길에는 설렘이 있다.

　섬 여행은 육지를 여행할 때와는 다른 설렘이 있다. 일상생활에 지친
이들에게 여행이 일상의 일시적 단절을 의미한다면, 섬으로 떠나는 여
행자는 아스팔트로 이어진 길에서 물길로 물리적 단절을 경험하게 된
다. 우리 연안 섬들 가운데 이처럼 완벽한 단절의 경험을 주는 곳은 점
점 줄어들고 있다. 편리성과 관광객 유치를 위해 다리가 놓인 곳이 적지
않고, 특히 서해 연안에는 새만금 개발과 맞물려 몇 해 안에 '연륙교'란

말 그대로 육지가 될 운명인 섬들도 줄지어 있다. 단절에서 비롯되는 설렘이 사라진 섬은 자동차를 타고 스쳐 지나는 풍경으로 남고, 여행자는 여전히 배를 타러 나선다.

사연 많은 섬, 위도에 무슨 일이?

위도蝟島 파장금항은 부안 격포항에서 뱃길로 50분 거리다. 뱃전 오른쪽으로는 고군산군도의 섬들을 꼬치 꿰듯 잇는 새만금방조제가 서서히 물러나고, 이내 위도에 딸린 식도食島가 나타난다. 위도는 30개의 섬을 거느리고 있는데, 그중 사람이 사는 섬은 여섯 개뿐이다.

40~50년 전 칠산 앞바다에 몰려온 조기 파시로 유명했던 섬은 1993년 서해훼리호 침몰 사고로 명성에 치명상을 입었다. 2003년 방사능폐기장 유치에 나서야 할 만큼 섬사람들의 상처는 깊었지만, 일본 후쿠시마 원전 사고 이후로 유치 실패가 다행이었다고 여기는 주민이 늘어났다고 한다. 우여곡절을 겪은 위도는 이제 청정 해역을 거느린 애초의 모습으로 다시 주목받고 있다.

파장금항은 위도에 들어가는 입구로 걸맞다. 위도蝟島의 '위蝟'는 고슴도치를 뜻한다. 지도를 펴 보면 고슴도치가 편안히 누운 모양새다. 파장금波長金(물결이 길면 어선이 모이는 곳이라는 의미로, 파도가 길게 치면 어선들이 대피하여 금, 즉 돈이 몰려온다는 뜻이리라)은 고슴도치 주둥이에 해당하여, 위도를 찾는 여행자들은 배에서 내려 곧장 고슴도치 입으로 걸어 들어가는 셈이다.

항구에서 시작하는 일주도로는 떡시루를 닮은 시루금(시름)을 지나면 소재지인 진말(진마을, 진리)을 만난다. 앞다리인 정금井金과 소금벌이 있었다는 벌금을 돌아서면 배 부위에 해당하는 도장금에 다다르는데, 그곳에 위도해수욕장과 식수원인 저수지가 있다. 갑자기 나타난 가파른 산길을 굽이굽이 올라가면 '이곳이 서해 바다가 맞나?' 싶게 절벽 해안이 나타나는데, 바로 그 아래에 고슴도치 배 부위인 깊은금(지푼금, 심구미)과 달그림자가 아름답다는 미영금이 이어진다. 엉덩이와 꼬리에 해당하는 논금(논구미, 답구미)은 위도에서 유일하게 벼농사를 짓는 곳이었고, 조석에 따라 살을 쳐서 고기를 잡았다는 너른 갯벌의 살막금(전막리箭幕里)에 다다른다. 논금에서 살막금으로 넘어오는 중간에 차바퀴를 닮았다는 거륜도가 있고, 주변에 토끼섬과 외조도, 중조도, 내조도가 둘러싸는 안락한 바다낚시터가 있다. 살막금을 지나 위도 띠뱃놀이전수관이 있는 대리大里(대돌목, 대저목, 큰 돼지의 목 형태라고 해서 대저항, 대장마을)와 소리(작은돼지목)를 지나 한참을 가면 치도(꿩雉 모양 마을)를 거쳐 다시 파장금으로 돌아오는 길이 고슴도치의 등에 해당한다. 치도 앞에 따로 떨어진 형제 섬이 있는데, 큰딴치도와 작은딴치도다. 이곳은 얼마 전까지 공군의 폭격 목표로 사용되었다고 한다. 마을이 코앞인데 말이다.

위도에 딸린 섬으로는 멀리 상왕등도와 하왕등도가 있고, 파장금 앞에 식도가 있다. 위도와 식도…… 식도食島와 이어지는 위도胃島가 아니고 고슴도치 위도蝟島란다. 항간에는 조기 파시로 흥청망청하던 파장금항이 주변 돌산을 개발하면서 쇠락했고, 고슴도치 주둥이가 못쓰게 되니 음식에 해당하는 식도가 먹히지 않아 흥하게 되었다고 한다. 자연

위도 지도

과거 핵폐기장 예정지

위도 진리 마을 전경

과 함께 살아가는 섬사람들의 자연을 섬기는 마음일 것이다.

고슴도치가 방어에 능한 동물이듯, 조선시대 위도는 위로는 고군산(군산)과 아래로 법성포(영광)까지 관할하는 수군 진영을 둔 군사적 요충지였다. 지금도 진리에 위도 관아가 남아 있다.

마을 이름 '금' 자의 비밀

위도는 지명에 순수한 우리말의 흔적을 잘 간직하고 있기로 유명하다. 파장금, 정금, 벌금, 도장금, 깊은금, 미영금, 논금, 살막금처럼 '금'으로 끝나는 지명은 모두 깊숙이 들어온 내만內灣이며, 배가 피항할 수 있는 천연의 항구다. '금'은 '구미'의 축약 또는 '끝'의 변형으로, '파장구미' '깊은구미'로 불리기도 한다. 비슷한 지형의 다른 섬이나 포구에서도 '구미' 또는 '끝'으로 끝나는 지명을 찾아볼 수 있지만, 위도의 '금'은 다른 곳과 달리 한자 '금金'을 쓴 것이 눈길을 끈다.

위도에는 현재 14금이 남았는데, 이 금들은 섬이 과거에 군사적 요충지였던 내력과 관련이 깊다. 이곳은 지금도 주민들에게 유용한 항구지만 외적들이 배를 대고 침입하기에도 좋은 곳이어서, 수군은 14개 금에 자급할 수 있는 경작지가 딸린 초소를 두었고, 지금도 그중 상당수가 마을을 이루고 있다고 한다.

위도 사람들은 이 '금'들을 우리말 그대로 두지 않고 '金'으로 표기하는데, 이에 대한 이야기가 흥미롭다. 지금까지 알려진 대로라면, 지명에 '金'이 붙은 이유는 사금이 났다거나 육지와 바다에서 나는 산물이 풍족해 금처럼 소중한 장소였기 때문이다. 그러나 최근 새로운 설이 제기되었다. 조선 숙종 때 처음으로 진 설치 임무를 띠고 이곳 위도에 부임한 광산 김씨 김복남 장군의 9대손인 김영석 선장의 증언에 따르면, 김복남 장군과 그 아들 김한윤은 2대에 걸쳐 위도진을 관할하는 절충장군(첨사, 종3품)을 지냈다. 김복남 장군 부자는 위도 관아 건립과 더불어 14개 초소를 설치하고 직접 이름을 지었는데, 이때 부자의 성을 따 '金' 자를 붙였다는 이야기다. 뒷받침할 사료를 찾는 것이 과제로 남지만, 오랫동안 한 집안에 내려온 사연이니 위도만의 특별한 지명에 대한 궁금증을 푸는 하나의 열쇠일 가능성은 충분하다.

섬 속의 도솔천, 내원암

고슴도치의 자궁 자리인 깊은금 산속에는 아담한 절이 있다. 절 이름은 미륵불이 있는 도솔천의 내원과 외원에서 따왔다고 한다. 도솔천은 외원궁과 내원궁 두 곳으로 나뉘는데, 외원궁은 천인들이 즐거움을 누리며 살아가는 곳이고, 내원궁은 미륵보살이 중생을 교화하기 위해 지상에 내려올 때를 기다리며 깊이 생각에 잠겨 있는 곳이다. 서해 훼리호 침몰 등 크고 작은 사고들이 끊이지 않자 섬사람들은 의지할 곳이 필요했다. 위도 사람들은 내원암을 찾아 불공을 드리고, 마음을 모아 용왕각을 지어 치성을 드린다.

내원암은 여느 산중 사찰의 위용과는 거리가 멀다. 대웅전은 1873년에 중수된 목조 기와집으로 정면 네 칸, 측면 두 칸의 작은 규모다. 대

내원암과 배롱나무

웅전 옆에 심긴 배롱나무 고목이 건물보다 더 커 보일 정도다. 건물보다 더 큰 나무라니……. 이런 풍경은 내원암을 더욱 특별하게 만들어 주지만, 곧 대웅전 신축 공사가 시작된다니 아쉽게도 곧 사라질 풍경이다. 유인갑 면장이 군 소유의 땅 일부를 대웅전을 증축하는 데 이용할 수 있도록 행정 지원함으로써 배롱나무를 옮기거나 제거하지 않게 된 것은 그나마 다행이다. 내원암에 있는 탱화도 눈여겨봐야 한다. 후불탱화 (불상 뒤에 걸어 둔 탱화)인 관음후불탱에는 바다에 나가 생명을 담보하고 어렵게 살아가는 사람들을 구제하기 위해 바다를 관장하는 해수관음의 영험함이 그려져 있다.

바다에서 건진 문인석이
인신 공양의 증거?

위도에는 〈홍길동전〉
의 이상향인 율도국 등 많은 전설이 전
해져 온다. 그중 가장 특별한 이야기
는 그 유명한 〈심청전〉과 얽혀 있다. 진
리 어촌계장을 맡고 있는 서봉신 씨는
1984년경 위도 앞 임수도 근처에서 특
이한 돌을 건져 올려 집 대문가에 세워

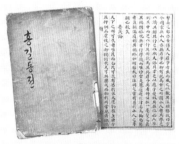

〈홍길동전〉

놓았다. 묘 앞에 세우는 문인석文人石
이었는데, 돌의 재질이 우리나라에 흔
한 것이 아닌 데다 땅속에 묻히는 기반
도 없어 여느 문인석과는 달랐다. 소설
은 소설일 뿐 사실이 아니기에 근거를
찾는 것 자체가 논리적이지 않지만, 최
근 각 지자체들은 지역 홍보를 위해 해
당 지역을 여러 설화의 근거지와 엮고
있다. 그간 인당수는 중국과 교역 루트
로 이용되던 백령도 근처 물살 센 해
역일 것이라 지목되어 왔기에, 이 일이
'심청이 몸을 던진 인당수가 어디인가'
하는 논란에 불을 지피는 게 아닌가 싶

임수도에서 건져 올린 문인석

다. 심청이 공양미 300석에 제물로 팔린 것처럼, 옛날 뱃사람들은 안녕을 기원하며 용왕께 인신 공양을 했다고 한다. 산 사람을 수장하는 것이 악습으로 지목되자 뱃사람들은 사람의 모습을 닮은 문인석을 대신 제물로 바쳤다. 어쨌거나 잔혹한 인신 공양의 증거는 거센 물살에도 떠내려가지 않고 확고하게 남았다. 현재 서 씨의 대문 앞에 있는 것 말고도 이후 몇 개의 문인석이 더 건져 올려져 치도 노인회관 담장 아래에 2기가 보존되어 있다.

사라진 조기 떼를 부르는 띠뱃놀이

      1970년대까지도 위도는 칠산 앞바다의 풍요로운 어장에서 잡아 올린 조기 파시로 명성을 날렸다. 사실 조기로 유명한 곳은 영광군 법성포구다. 바로 앞 칠산 바다에서 조기를 잡아 굴비로 가공하기 때문이다. 영광군과 위도는 각각 전라남도와 전라북도에 속하지만, 지도를 자세히 들여다보면 지척이다. 과거 언젠가는 위도가 영광군에 속하기도 했다. 정리해 보건대 영광 앞바다에서 위도 주변 해역을 통틀어 칠산 바다라 했을 테고, 날씨가 사납거나 법성포로 갈 수 없을 만큼 조업이 한창일 때는 바다 한가운데 떠 있는 위도에다 잡은 조기를 부렸을 것이다. 이곳이 조기 파시가 열렸다는 파장금이고……. 파장금은 이제 위도로 들어가는 항구 역할만 하지만, 파시가 한창이던 시절에는 30여

영광 법성포구와 굴비

위도띠뱃놀이

곳의 주막과 이동 술집에 어부와 장사꾼들이 넘쳐났다고 한다.

옛 영화는 사라졌지만, 매년 음력 정월 초사흗날이면 대리 마을에서 띠뱃놀이라는 풍어제가 벌어진다. 원래 명칭은 대리 원당제지만, 1985년 '위도띠뱃놀이'라는 이름으로 중요무형문화재로 지정되었다. 띠뱃놀이를 보존하기 위해 전수관과 전시관이 지어졌고, 띠배 모형이 전시되어 있다. 띠배는 띠와 짚, 싸리나무 등을 함께 엮어 길이 3미터, 폭 2미터 정도의 크기로 배 형태를 만드는데 안에는 각종 제물과 함께 일곱 개의 허수아비, 돛대, 닻을 만들어 단다. 애초에 풍어제는 용왕굿과 당굿이 중심이었는데, 바닷가에서 용왕굿을 할 때 이 띠배를 띄워 보내기 때문에 띠뱃놀이라는 이름을 얻었고, 소원을 빌기 위해 세운 집인

위도연안바다목장조성사업이 이뤄지는 해역과 실제 조성사업도

원당에서 굿을 하기 때문에 원당제라고도 한다. 띠뱃놀이는 여전히 명맥을 잇고 있으니 언젠가 칠산 앞바다에 조기 떼가 다시 몰려올 날이 있을 게다.

위도는 서해안의 여느 섬 같지 않게 절경을 자랑한다. 예부터 위도 8경이 시로 읊어져 왔는데, 위도의 절경이 그 속에 고스란히 담겨 있다. 그 외에도 부안 채석강은 저리 가라 할 만큼 아름다운 해안 절벽 용멀 (용머리)을 비롯해 곳곳에 기암절벽이 펼쳐진다. 방사능폐기장 예정지와 가까운 깊은금 해안에 깔린 납작한 콩돌은 파도가 쓸고 지나갈 때마다 시원한 소리를 낸다.

바다목장 해역에서는 자망(왼쪽 위)과 통발(왼쪽 아래)을 이용해 자원조사를 하고
잠수 조사로 수중시설을 모니터링한다.

비나이다, 비나이다
풍어와 안전을
비나이다

바다에 삶을 의탁한 사람들에게 바다는 생生 자체인 동시에 사死를 품은 이중적 장소였다. 그래서 예로부터 별신굿 같은 제의를 통해 바다가 부디 풍요로움을 내려 주기를, 뱃사람들을 풍랑에서 안전하게 돌봐 주기를 청했다. 섬이나 포구 곳곳에서 이런 기원의 흔적을 찾을 수 있다.

전남 영광의 법성포 사람들은 높은 산에 제단을 설치해 서낭신에게 고사를 올렸고, 용왕제와 풍어제를 올려 바다 신의 특별한 돌봄을 청했다. 이 행사는 주로 풍어기 바다 위에서 열린 생선시장인 '조기 파시'와 단오절에 맞물리면서 자연스럽게 법성포단오제로 발전했다. 법성포는 조선시대에 조창을 설치할 정도로 산물이 풍성했던 곳이었다. 이곳을 드나들던 보부상과 법성의 객주들이 협동조직을 만들어 단오제를 치르면서, 한때 동해안의 강릉단오제와 서해안의 법성단오제가 쌍벽을 이뤘다고 한다.

보통 서해안의 풍어제는 신들린 경험이 있는 강신무가 주재하고, 동해안의 풍어제인 별신굿은 특정 세습무가 주관한다. 그래서 두 곳의 풍어제는 닮은 듯하면서도 다르다. 흥이 넘치는 것은 동해안 쪽이다. 서해안의 풍어제는 무녀가 중심이 되어 이끌어 나가지만 동해안은 무녀 못지않은 남무(박수)의 악기 반주와 화려한 장식물, 세습무 특유의 시선을 뗄 수 없는 기예가 어우러져 신명이 난다. 그야말로 한판 축제다.

제주 역시 예로부터 새해를 맞아 처음으로 맞는 정일丁日 또는 해일亥日에 신에게 세배하는 마을제를 지내 왔다. 해신제는 제주시 화북포구에 있는 해신

사海神祠(제주특별자치도 기념물 제22호)에서 새해 해상 안전과 풍어를 기원하는 제사다. 주민들은 매년 음력 1월 5일에 제를 올린다.

서해안 풍어제

필자에게 위도의 풍광과 사연이 새삼스레 다가오는 이유는, 최근 위도 앞바다에 수산자원을 조성하는 사업을 시작하고부터 섬을 돌아볼 기회가 많았던 탓이기도 하다. 현재 우리나라 바다는 수산자원이 많이 고갈된 실정이다. 그러나 생활이 윤택해지면서 수산물의 소비가 늘고 바다를 휴식과 레저의 공간으로 이용한다. 이러한 사람들의 요구는 개념의 이동을 불러왔다. 자원 보존적 관리에서 적극적 자원 조성으로 이동한 것이다. 2012년부터 한국수산자원관리공단 서해지사와 부안군이 함께하는 위도연안바다목장조성사업은 그 첫걸음이다.

위도의 자랑, 홍합

위도는 섬 곳곳 해안가에 마을 공동어장인 양식장이 있다. 홍합을 양식하는 곳이다. 위도 어장에 조기가 사라졌다고 손 놓고 있을 수는 없는 일. 새로운 수산생물을 생산해서 먹고살아야 하는 게 위도 어업인들의 현실이다. 육지에서 떨어져 있어 상대적으로 물이 차고 깨끗한 해양 환경 조건에 알맞은 신상품을 개발했는데, 바로 홍합이었다.

남태평양에서는 시집가는 신부를 1미터 남짓 되는 대형 조개껍데기에 태워 갔다고 한다. 풍요한 잉태를 기원하는 풍속인 것이다. 옛 우리 규방에서 연지 곤지 찍는 화장품은 조개껍데기에 담아 두었는데, 그렇게 해야 예뻐지는 주술적 힘이 생긴다고 믿었기 때문이다. 중국 사람들은 예부터 홍합을 동해부인이라 불렀고, 이 홍합을 많이 먹으면 속살이 예뻐진다고 믿었다. 중국의 동해는 우리의 서해, 즉 황해를 말할 테고, 속살이 예뻐진다는 말은 성적 매력이 생긴다는 의미다. 동해부인이라고 부른 뜻을 이해할 만하다. 이 모두 조개가 미美를 추구하는 여성을 상징한다는 생각과 무관하지 않다.

여성을 상징하는 홍합Mytilus coruscus은 영어로 하드셸드머슬hard shelled mussel 또는 파이스턴머슬far eastern mussel이라고 부르고, 일본어로는 이가이イガイ, 胎貝라고 한다. 홍합紅蛤은 담채淡菜, 각채殼菜, 주채珠菜, 합자, 강섭, 열합, 섭, 섭조개, 동해부인 등의 별명을 갖는다.

홍합은 패각이 두 개로 한짝을 이루는 이매패이고 생긴 모양은 난형이다. 조가비 꼭대기의 도도록한 부분인 각정은 아래로 휘어져 있는데 각정 부분이 휘어지지 않은 담치와 구분된다. 아래 배 쪽은 직선에 가깝고, 위쪽인 등선은 배 쪽과 평행하지 않고 각이 깊어져 둥글게 이어진다. 각고 5센티미터, 각장 15센티미터 정도다. 껍질은 보라색을 띠는 검은색이며, 두껍고 단단하다. 패각 내면은 백색과 짙은 보라색에 약한 푸른빛을 띤다.

홍합은 찬 곳에 사는 한해성으로, 해류의 흐름이 강하고 물이 맑은 바다의 조간대 아래 5~10미터 수심 암초에 족사足絲를 붙이고 산다. 족사는 배 쪽의 각정 부근으로 나와 있다. 우리나라 전 연안에 분포하며, 서해에서는 어청도 등 먼바다에 있는 섬에 많은 개체가 서식한다. 전형적인 여과 섭식자filter feeder로서 자웅이체이고, 성전환을 한다. 생식소는 외투막 안에 있으며 암컷은 적황색, 수컷은 유백색을 띤다. 산란기는 3~6월이다. 겨울에서 봄(2~4월)이 제철이라 추울 때 뜨끈한 국물과 함께 먹으면 제격이다.

옛 문헌에 홍합에 대한 언급이 여럿 있다. 그만큼 백성들의 눈에 잘 띄고 많이 애용했다는 의미일 것이다.《규합총서》에는 "바다에 나는 것이 다 짜지만 유독 홍합만 싱겁기 때문에 담채淡菜라 하고, 또는 동해부인이라고도 부른다. 살이 붉은 것이 암컷이니 이것이 맛이 좋고, 흰 것은 수컷이니 맛이 못하다. 동해에서 나는 것은 잘고 검으나 보익補益하기에 으뜸이요, 북해北海에서 나는 것은 크고 살은 쪘으나 맛이 그만 못하다. 날로 볶아서 국을 끓이면 매우 달고 좋다"고 적혀 있다.

또한《자산어보》에는 다음과 같이 기술되어 있다. "몸은 앞이 둥글고 뒤쪽이 날카롭다. 큰 놈은 길이가 한 자 정도이고, 폭은 그 반쯤 된다. 뾰족한 봉우리 밑에 더부룩한 털이 있으며, 이것으로 바위에 달라붙어 무리를 이룬다. 조수가 밀려오면 입을 열고 밀려가면 입을 다문다. 껍데기의 빛깔은 새까맣고 안쪽은 매끄러우며 푸르면서 밝다. 살의 빛깔은 붉은 것도 있고 흰 것도 있다. 맛이 감미로워 국에도 좋고 젓을 담가도 좋으나 그 말린 것이 사람에게 가장 좋다." 늘 그러하듯이 정약전의 관찰은 지금 보아도 예리하다. 겉모습에 대한 묘사뿐 아니라 속을 살피는 해부학적 시각도 있다. 뿐만 아니라 여과식자를 암시하는 생태학적 관점도 있다. 관념적이지 않다. 그가 실학자임을 말해 준다.

홍합은 먹을거리로 애용되었지만, 약으로도 이용되어 한방 고서에 많이 나온다. 황필수의《방약합편方藥合編》에는 다음과 같은 뜻의 '약성가藥性歌'가 올라 있다. "담채는 맛이 달고 성性은 온溫하다. 오래된 이질痢疾을 다스리며, 허虛를 보補하고 음식을 소화시키고 부인에게 아주

시원한 홍합탕

유익하다."《자산어보》에도 "코털을 뽑다가 피가 나는 사람은 지혈시킬
다른 약이 없으나 다만 홍합의 수염을 불로 태워 그 재를 바르면 신통
한 효험이 있다. 또한 음부陰部에 상한傷寒이 생길 때에도 홍합의 수염
을 불에 데워 머리 뒤에 붙이면 효험이 좋다"고 기록되어 있다.

여러 문헌에서 공통적으로, 홍합이 보기에는 흉하고 부끄럽게 생겼
어도 우리 몸을 좋게 하는 건강식품 내지 치료 약품으로서 으뜸이 된다
고 극찬했다. 간신肝腎을 보하고, 정기精氣와 혈기血氣를 더해 주며, 허
약과 피로에 의한 어지럼증을 다스린다. 식은땀이 많이 날 때, 양위陽痿
(성기가 작아지거나 양기가 부족해지는 증상)가 왔을 때, 또는 원인 불명의 요통
이 장시간 계속될 때 이 담채가 가장 좋은 명약이 된다. 옛날 어른들은
특히 토혈吐血, 붕루崩漏(월경 주기와 무관하게 출혈이 일어나는 병증)에는 오직

이 홍합뿐 다른 약이 없을 정도라고 그 효능을 이야기했다. 그런가 하면 백발이 오발烏髮, 즉 검은 머리가 된다고 했다. 특히 모발에 윤기가 없고 탈모 현상이 올 때는 더욱 효과가 있다. 홍합의 특성으로 남자에게는 신장을 튼튼하게 하고 여자에게는 산후의 모든 질병을 다스리는 약이 되었던 것이다. 성전환이 가능한 홍합은 남녀 모두에게 좋은 약이 될 수 있는 필요충분조건을 갖추었다.

또한 급할 때는 용기로 쓰인다. 뱃일을 하고 어민 집에 불려 가 갓 따온 홍합으로 끓인 홍합탕에 소주 한잔할 때, 소주잔 멀리하고 홍합 껍질에 술을 따르는 운치도 가끔씩 누리는 우리만의 호사다.

동해안에서는 홍합을 섭조개라 부른다. 섭조개로 만드는 섭죽은 강원도 북부 지역 사람들에게 추억 어린 토속 음식이다. 바닷가에 살던 사람들은 어릴 적 추억 속에 '섭죽 쑤러 가자'며 감자, 쌀에 솥을 메고 바닷가에 모여 물놀이를 하던 시절이 있었다. 남자아이들이 홍합을 따면 여자아이들은 풋고추와 감자를 썰어 넣고 푸짐하게 섭죽을 끓여 냈다. 섭죽은 고추장을 넣어 얼큰하게 끓이는 것이 특징이다. 쫄깃한 홍합 살이 칼칼한 고추장과 한데 어우러져 그야말로 일품이다. 홍합죽에 썰어 넣은 감자는 감칠맛을 내는 일등공신이다. 바로 이 맛이 강원도의 풍미 아니겠는가. 여름철 뜨거울 때 후후 불며 먹는 게 제맛이다. 이때 먹는 섭죽은 점심 식사 겸 간식인데, 그때 그 맛은 어른이 되어서도 쉬이 잊을 수 없다고 한다.

이매패강 홍합목 홍합과에 40여 종의 조개가 있고, 홍합을 빼고는 거의 대부분 종명에 '담치'라는 이름이 붙어 있다. 지중해담치 껍질은 검

바닷가에서 흔히 볼 수 있는 담치 무리

은 보라색이고, 광택을 내며 얇다. 패각은 앞쪽이 매우 좁고 뒤쪽이 넓은 긴 난형이다. 각정은 아래로 약간 휘어져 있으며, 배 쪽은 직선에 가깝고 앞쪽 등선도 직선이다. 등선 중앙부터 각을 이루면서 그 뒤로는 배쪽과 평행하게 직선이다. 각고 4센티미터, 각장 7센티미터로 홍합보다 작다.

　실제 홍합은 조간대 하부, 그러니까 물이 많이 빠지고 드러난 암반에 붙어 있어서 접근하기가 쉽지 않고 그 양도 유통하기에는 충분히 많지 않아 지금은 담치 양식산이 더 보편화되어 있다. 한때 진주담치*Mytilus edulis*라고 불리던 종은 지중해담치*Mytilus galloprovincialis*다. 지중해담치는 영어 이름인 메디터레이니언머슬Mediterranean mussel에서 알 수 있듯이 지중해 원산으로, 제2차 세계대전 이후 국내에 유입된 것으로 추정되며, 현재 양식하고 있는 대상종이다. 진주담치는 지중해담치와는 실제 다른 종이며, 도감에는 우리나라에 서식하지 않는 것으로 나온다.

위도는 율도국이요, 서해훼리호가 침몰한 바다요, 방폐장이 계획되었던 섬으로 과거사와 현대사에서 모두 사연이 많았던 곳이다. 이제는 수산자원을 조성하고 생태관광을 발굴하여 다시금 파시가 형성되고 이상향으로 거듭나길 희망한다.

바다식목일을 아시나요?

언제부터인가 그렇게 많던
물고기가 사라지고, 그물에는
성게, 불가사리, 고둥류만이
걸려 올라왔다. 뿐만 아니라
맑은 물 아래로 훤히 비치던
해조류도 눈에 띄지 않았다.

바다숲이란 다시마와 미역 등
포자식물인 엽상 해조류나
거머리말 등 종자식물인
해초류가 무리 지어 사는 바닷속
군락을 말한다. 물고기에게
바다숲은 알을 낳고 기르는
산란장과 보육장이 되고,
자라면서 먹이를 섭취하고 사는
섭이장과 서식장이 되어 준다.

바다에 숲을 만들자
생명을 심자

마안도
해중림

수산물이 고갈되었다는 소식은 이제 더 이상 뉴스거리가 되지 않는다.
누구든지 먼저 나가 많이 잡아 오는 자가 승리하는 올림픽 방식의 어업
형태 때문에 과도한 남획이 이뤄진 게 그 첫 번째 원인이요, 다음으로
육지 중심의 개발로 연안이 축소되고 바다가 오염됨이 두 번째요, 전 지구적
기후변화가 그 세 번째 이유일 것이다.

사라진 물고기들이 다시 돌아오는 날

 겨울 바다는 한가하다. 누군가는 낭만이라 하지만, 사실 춥고 바람 부는 한어기閑漁期라 인적조차 없으니 한가할 수밖에. 그런데 남쪽 나라 남해는 겨울이라도 따뜻한 햇볕이 있고 풍광이 좋아 겨울 바다를 찾는 사람들로 북적인다. 또한 바다 해조류는 김과 미역이 그러하듯 수온이 낮은 겨울이 제철이다. 남쪽 바다에 있어 행정구역상 남해군인 남해도는 봄에 가천 다랭이논과 지족 죽방렴, 한여름 상주 해수욕장과 물건 어부림, 가을 물건 독일마을이 유명하고, 겨울에는 축구선수들이 전지훈련을 하는 남면 스포츠파크가 있어 바다가 있는 섬인데도 1년 사시사철 사람이 끊이지 않는다.

물건리 독일마을 가까이 남해도의 동쪽으로 돌아가면, 송정리에 말 안장을 닮은 섬 하나가 바다 한가운데 떠 있는 것을 발견할 수 있다. 노구(옛 이름 갈금이)마을 앞바다에 있다. 마을 뒤 산길로 이른바 신작로가 생기기 전인 50여 년 전만 해도 읍내로 나갈 수 있는 유일한 통로는 객선이었단다. 어찌 보면 고립되고 외진 곳이다. 보통 우리나라 바다를 끼고 있는 시골 마을은 대부분 논밭이 있어 반농반어촌의 형태를 띠지만, 노구마을은 산자락이 바다로 뚝 떨어지는 지형학적 위치에 있다. 오로지 바다에 의존하여 살 수밖에 없는 마을이다. 다행히 배로 10분도 안 걸리는 바로 앞에 마안도라는 섬이 있고, 이곳 마안도 주변 바다에는 볼락, 문어, 붕장어, 멸치, 멍게, 홍합, 해삼이 풍부해 어업 활동만으로 부촌을 이루었다.

그러나 언제부터인가 그렇게 많던 물고기가 사라지고, 그물에는 성게, 불가사리, 고둥류만이 걸려 올라왔다. 뿐만 아니라 맑은 물 아래로 훤히 비치던 해조류(바닷말)도 눈에 띄지 않았다.

남획과 환경 변화는 바닷속 생태계를 바꾸었다. 물고기가 없어지고 해양 환경이 변하니, 이른바 조식동물(해조류를 먹고사는 해적 동물)이 득세하여 바닷말을 먹어치웠다. 일부 무절석회조류가 암반을 희게 덮어 사막화된 백화현상(갯녹음)이 진행되었다. 산란장, 보육장, 섭이장, 서식장으로 이용되던 터전이 사라지니 물고기가 떠나는 악순환이 계속된 것이다.

이에 남해군과 노구어촌계는 경남도의 지원을 받아 한국수산자원관리공단 남해지사에 해결책을 구했다. 여러 전문가들이 달라붙어 고심한 끝에 우선 해중림(바다숲)을 살리는 데 힘을 모으기로 했다. 남해군 마안도 해중림 조성사업이 그것인데, 나는 그 사업 책임자였다. 사업 기간을

경남 남해군과 하동군을 잇는 남해대교

남해 12경 중 하나로 명승 71호이자 국가 중요어업유산으로 지정된 남해 죽방렴. 죽방렴은 물살이
센 지족해협에 대나무 발을 세우고 발 안으로 휩쓸려 들어왔다가 갇힌 멸치를 잡는 생태 어구다.

연장하면서까지 1년여 기간 동안 바닷속에 들고 나길 수십 차례, 이제 그 씨앗을 뿌렸다.

해중림 조성사업

먼저 바닷속을 조사하여 해양 생태계를 진단했다. 예상대로 보라성게, 별불가사리, 아무르불가사리와 석회조류만이 우세하고 그 많던 엽상 해조류(이파리가 넓은 바닷말)는 거의 보이지 않아 심각하게 황폐화된 상태였다. 우선 해적 동물부터 잡아내기 시작했다. 일명 조식동물 구제작업이라고 한다.

해중림 조성사업에서 구제의 대상이 된 성게는 극피동물棘皮動物, echinoderm이다. 극피란 몸 표면에 석회질 가시가 돋친 동물의 껍질을 말하는데, 영어 'echino' 역시 가시를 뜻하며 그리스어로 '고슴도치 피부'를 일컫는 말에서 유래되었다고 한다. 극피동물의 형태는 무척 다양하지만, 그 모두의 표면은 가시가 나 있는 골판骨板으로 싸여 있다. 몸 내부에는 특유의 물로 채워진 관 모양 기관인 수관계가 있다. 이 수관계를 이용해 호흡이나 섭식, 이동을 한다. 몸은 거의 방사대칭이다. 보통 체축體軸을 수직으로 세우며, 입은 아래로, 등과 항문을 위로 한다. 그러나 방사대칭인 몸의 형태는 이차적으로 이루어진 것이며, 유생에서 보이듯 본래는 좌우대칭형이었을 것으로 짐작된다. 성게는 불가사리와 같은 다섯 개의 팔이 서로 완전히 융합되어 둥근 공 모양이고, 해삼은 성게를 길게 늘여 놓은 형태라고 생각하면 된다. 극피동물의 골격은 단단한 탄

낙조가 드리워지는 마안도의 전경

산칼슘 성분의 판들이 서로 융합하거나(성게의 경우), 떨어진(불가사리의 경우) 상태로 배열되어 있다. 보통 이러한 골격들은 가시(성게의 경우)나 돌기(불가사리의 경우)의 형태로 외부로 솟아 있다.

극피동물은 대부분 종들이 자웅이체이며, 번식기에 암컷 또는 수컷은 각각 물속으로 알과 정자를 방출한다. 따라서 번식기가 되면 수정률을 높이려고 집단을 이루는 경우가 많으며, 동시다발적인 방란과 방정이 이루어진다. 수정란에서 부화한 유생들은 물속으로 방출되는데, 분류군에 따라 유생 형태가 다르고 각각 독특한 방법으로 떠다니며 섭이 활동을 한다. 플랑크톤 생활을 마친 유생들은 변태를 하고 어미들이 살고 있는 바닥으로 착지한다. 몇 종을 제외하고는 연안에서 심해저에 이르기까지 거의 모든 해저에 서식하며, 열악한 환경에 잘 적응하는 편이다. 하지만 민물이나 민물과 바닷물이 섞이는 기수에서 생활하는 종은 거의 없다.

성게의 몸은 껍질과 껍질 안쪽에 체액으로 차 있는 공동부, 껍질 안에 있는 내장 기관으로 이루어진다. 입은 몸 아래쪽 중앙에 위치하고, 항문은 반대편인 등 쪽 중앙에 있다. 대부분의 성게류는 강하고 날카로운 이빨을 가졌으며 바위 표면에 붙은 해조류를 갉아 먹는다. 닳아 버린 이빨은 쉽게 떨어져 나가고 그 자리에 날카로운 이빨이 새로 난다. 또한 이빨 한쪽 끝은 계속 자라고 다른 쪽 끝은 스스로 날카로워지기 때문에 결코 무뎌지는 법이 없다.

만일 성게 껍질이 부서진다면 그 내장 기관은 어류나 게, 바다수달의 멋진 먹이가 된다. 그러므로 이들은 포식자에게서 자신을 보호하기 위

바닷속 생태를 진단하는 해양 생태 조사. 건져 올린 것은 불가사리와 성게가 대부분이다.

보라성게의 등과 배

해 길고 날카로운 가시들을 갖는다. 이 가시들은 몸통과 공 모양의 관절로 연결되어 거의 모든 방향으로 움직일 수 있으므로 적에게는 무서운 무기가 된다. 포식자가 공격해 오면 성게의 가시 끝부분이 부러지면서 포식자의 몸속에 박혀 통증을 일으키는 것이다.

성게 역시 해녀들에 의해 어획되는 주요 수산물이다. 일식집에 가면 작고 앙증맞은 나무상자에 노란색 물질이 찔끔 담겨 나오는데, 일본 사람들이 사족을 못 쓴다는 우니うに, 바로 성게 생식소다. 생식소란 난卵 또는 정자를 분화 및 생산하는 기관, 즉 암컷의 난소와 수컷의 정소를 가리킨다. 난소에 난卵, 즉 알이 있고 정소에 정자가 있다. 그러니까 우리가 먹는 것은 성게의 씨앗이다.

25년여 전, 국립수산진흥원에 입사해 처음 발령받은 곳이 포항이었다. 선배 연구원이 수행하는 성게 생물조사를 도운 적이 있는데, 성게의 길이와 무게를 재고 반으로 잘라 그 안에 든 생식소를 수저로 꺼내 무게를 달았다. 보통 실험을 하고 남은 시료는 폐기하는데, 그 연구원이

바다숲 보존을 위해 구제된 성게들

숟가락을 주면서 모아 놓은 생식소를 먹어 보라고 권했다. 성게 알을 처음 맛본 나는 냄새와 식감이 유쾌하지 않아서 버려 버렸다. 지금처럼 성게 맛을 알았다면 그리 어리석게 굴진 않았을 텐데 못내 아쉽다.

　다른 한편으로 성게는 해조류를 먹는 조식동물로서 해중림을 고갈하는 주범으로 간주되어 구제 동물로 분류되어 있다. 바다숲을 조성하고 관리하는 처지의 우리로서는 시간만 나면 성게를 잡아들여야 하기에

말똥성게의 등과 배

귀찮은 존재이기도 하다. 사람에게 이로움과 해로움을 동시에 주고 있는데, 관점에 따라 이익과 손해를 저울질하는 인간사가 우습다.

성게목에 속하는 현재 우리나라의 성게류는 대략 14종이 보고되어 있는데, 대표적으로 만두성겟과에 속하는 보라성게*Anthocidaris crassispina, purple sea urchin*와 둥근성겟과에 속하는 말똥성게*Hemicentrotus pulcherrimus, Korean common sea urchin*가 알려져 있다. 보라성게는 3센티미터의 큰 가시와 그 사이에 1센티미터의 작은 가시가 거칠게 돌출되어 있는 느낌이 강하다. 말똥성게는 말똥을 닮았다 해서 붙여진 이름으로 표면에 나 있는 가시가 작다.

해조류를 먹는 조식동물을 잡아내는 구제작업이 끝나면, 해조류를 이식하는 작업에 들어간다. 가장 먼저 해조류를 부착한 바다숲 조성용 인공 어초(일명 해중림초)를 제작해 시설한다. 날개부를 가진 어초, 터널형 어초, 육각패널H빔 어초에 모자반과 감태를 붙여 바닷속에 투하한다. 조경된 물고기 아파트를 짓는 셈이다. 여기에 모자반을 담은 주머니

바다에 시설되는 해중림초(위)와 해조류 부착 패널

를 어초에 걸어 두어 포자 방출을 유도한다. 시간이 지나자 감태와 모자반이 자리를 잡고, 어초 사이로 어린 볼락이 모여든다. 이제 아파트 입주가 시작되었다.

이것만으로는 부족하다. 이번에는 해조류가 살 만한 단단한 기저부가 없는 모래밭에 해조류 부착판인 패널을 보도블록처럼 깔아 암반 지역을 확장하고, 여기에 모자반을 옮겨 심었다. 일종의 확장 공사다.

아직 안심할 수가 없다. 어린 해조류를 이식하고 나니, 이를 먹이로 하는 조식동물들이 침범한다. 울타리를 쳐서 막을 수도 없다. 물속에 시설된 해중림초 주변에 밧줄로 울타리를 둘러치고 조식동물이 좋아하는 다시마를 붙이는 묘책을 냈다. 다시마 포자 방출을 유도하는 한편, 이식된 어린 해조류가 먹잇감이 되지 않도록 미끼로 유인하여 시간을 버는 계책이다.

바다에 해조류를 심자

현대인들은 맛이 있을 뿐 아니라 몸에도 좋은 건강식품을 찾고 있다. 이런 기호에 딱 들어맞는 식품은 단연 수산물일 것이다. 육류 중심의 식단에서 벗어나 비만을 예방하고 머리가 좋아지는 물질까지 섭취할 수 있다니, 웰빙 식품이 아닐 수 없다.

그러나 수산물이 고갈되었다는 소식은 이제 더 이상 뉴스거리가 되지 않는다. 누구든지 먼저 나가 많이 잡아 오는 자가 승리하는 올림픽 방식의 어업 형태 때문에 남획이 이뤄진 게 그 첫 번째 원인이요, 다음으로 육지 중심의 개발로 연안이 축소되고 바다가 오염됨이 두 번째요, 전 지구적 기후변화가 세 번째 이유일 것이다.

이제는 수산자원을 고전적이고 소극적인 관리에 의존할 때가 아니다. 인위적이더라도 좀 더 적극적인 자원 조성이 필요할 때다. 수산자원을 회복하기 위해 수산생물 종자를 방류하고, 이보다 앞서 수산생물들이 살 수 있는 서식장을 만들어 건강한 해양 생태계를 복원하는 것이 우선이다.

바다숲이란 다시마와 미역 등 포자식물인 엽상 해조류(바닷말)나

마안도

해중림

바다식목일을 아시나요?

매년 5월 10일은 바다식목일이다. 한국수산자원관리공단은 바닷속 황폐화의 심각성을 알리면서 바다숲 조성의 필요성을 국민에게 홍보하여 해양 생태계를 복원하고 수산자원을 회복하고자, 2012년 2월 22일 세계 최초로 법제화(수산자원관리법 3조 2항)했다. 훼손된 연안 생태계를 복원하자는 의미에서 해조류가 가장 많이 자라나는 시기를 골라 지정한 법정기념일이다. 우리나라는 전 세계가 인정하는 산림 녹화 성공 국가다. 민둥산을 푸른 숲으로 가꾸었듯이 황폐화된 바다를 풍요로운 바다숲으로 되돌려 놓을 수 있길 기대한다.

거머리말 등 종자식물인 해초류(잘피라 부르는 바다풀)가 무리 지어 사는 바닷속 군락을 말한다. 물고기에게 바다숲은 알을 낳고 기르는 산란장과 보육장이 되고, 자라면서 먹이를 섭취하고 사는 섭이장과 서식장이 되어 준다. 인류에게는 건강에 좋은 웰빙 식품이 되고, 의약품용 및 산업용 기능성 물질을 제공한다. 뿐만 아니라 이산화탄소를 흡수하여 온실가스를 줄이고 청정 바이오에너지 생산을 위한 원료로도 활용할 수 있다.

현대인에게는 휴식이 필요하다. 먹고사는 데, 성공하고 출세하는 데 너무 내몰려 왔으니 쉬고 싶을 때에는 좀 쉬어야 한다. 도시민은 술집에서 술 한잔 기울이며, 노래방에서 최신곡을 익히며, 놀이공원에서 아찔한 스릴을 만끽하며 휴식을 취해 봤지만 그것만으로는 지친 몸과 마음을 다독일 수 없다. 바다와 길이 맞물리는 제주 올레를 걷고 고요한 산사에서 템플스테이를 체험하며 복잡한 머릿속을 씻는 이들이 늘고 있다. 바다를 바라보며 건강한 수산물을 먹는 것만큼 심신을 보양하는 일도 없을 것이다. 어업인들도 더 많이 잡고 보는 경쟁적 어업에서 벗어나 수산자원을 보전하면서 주머니도 두둑해지는 방법을 모색해야 한다. 이제라도 그 해답을 해양 생태관광에서 찾아보자.

똑똑한 생태관광은 정말 어려울까?

생태관광生態觀光이라는 말은 조어造語이다. 생태는 자연 보존이 전제인데, 관광은 경제활동인 산업이고 산업은 마땅히 개발이 따른다. 서로 모순되는 두 명제가 하나로 묶인다는 것이 이율배반이다. 그럼에도 불구하고 중앙 및 지자체 정부는 수익 창출의 목적으로 자연과 문화의 네트워크를 형성하는 개발에 열을 올리고 있다. 그래서 영어로 커뮤니티베이스트에코투어리즘Community Based Ecotourism이라고 표현하기도 한다. 자연뿐 아니라 지역 문화와 연결된 주민 자율적 관리가 필수다. 환경수용능력Carrying capacity을 고려해 관광에도 제한을 두는 것이다. 자연이 수용할 수 있는 만큼만 개발되어야 자연이 몸살을 앓지 않기 때문이다.

이런 관점에서 볼 때, 사시사철 각 지역마다 떠들썩하게 치러지는 축제들은 겉으로는 자연이니 생태니 하지만 사실 그 속내를 살펴보면 문제가 많다. 특히 생물에 가해행위를 하는 축제나 관광은 최악의 경우라고 할 수 있다. 송어·빙어·장어 축제 같은 각종 물고기 잡기, 체험학습이라는 명목으로 통제 없이 갯벌에 들어가 맛조개나 쏙을 캐는 어촌관광 등이 대표적인 예다. 그렇다면 생물에 입히는 피해를 최소한으로 줄인 생태관광은 어떤 모습이어야 할까?

순천만자연생태공원은 자연을 보존하는 것만으로도 훌륭한 관광자원이 될 수 있음을 보여 주었다. 순천만順天灣은 본래 여자만汝自灣인데, 순천시에 접한 작은 만을 특별히 순천만이라고 부른다. 여자만은 오늘날 여수시로 통합된 여천시와 고흥군으로 둘러싸여 있으며, 그 한가운데 여자도汝自島가 있어 붙여진 이름이다. 여자도의 한자 이름을 풀어보면 '너 여汝'에 '스스로 자自'인데, 말 그대로 너무 외진 곳이라 한번 들어가면 '너 스스로 살아가야 한다'는 섬이란다. 그도 그럴 것이 옛날에는 현縣이 있던 여수에서 아주 먼 곳이었다. 내가 근무했던 남해수산연구소가 바로 여자만이 내다보이는 화양면에 있어 출퇴근 거리가 꽤 멀었다. 여수에서 출발하여 여천을 거쳐 멀리 있는 갯가란 뜻의 머리개(원포遠浦)를 지나 지형이 가늘게 뽑아진 가는개(세포細浦) 마을에 도착했다. 그 마을 초입에서 보면 닭 볏처럼 솟아오른 언덕바지가 당두(당頭←당머리←닭머리)였다. 이처럼 마을 이름이 모두 자연에서 왔다. 주변 도시의 이름인 화양華陽, 여천麗川, 여수麗水, 광양光陽, 순천順天을 보면 한

습지에 직접 해를 입히지 않도록 습지 위로 나무 통행로를 낸 순천만자연생태공원

간척 사업으로 위기에 처한, 강화도 갯벌의 칠면초 군락

결같이 빛과 물이 화려하여 사람 살기 좋은 곳임을 알 수 있다. 실제 이 지역은 겨울에 일조량이 많아 겨울을 나기 좋다. 영화 속 한 장면처럼 노부부가 어깨에 숄을 두르고 바닷가 벤치에 앉아 노을을 바라볼 수 있는 곳, 순천만이 바로 그런 곳이다. 이런 곳들이 많아질 때 우리의 해양수산문화도 선진화되었다고 말할 수 있지 않을까.

내가 개인적으로 가장 안타까운 곳은 역시나 새만금갯벌이다. 이미 막은 새만금방조제는 뇌두고라도 수문을 더 만들어 물길을 트면, 죽은 갯벌에도 숨통이 트여 새만금을 떠났던 백합이 다시 돌아올지도 모른다. 아무것도 시야를 가리지 않는 탁 트인 벌판에 맨발로 서 있을 때 발가락 사이로 개펄이 꼼지락거리던 생경하고 신선한 경험, 나는 그 경험을 많은 이들과 나누고 싶다. 혼자만의 추억으로 간직하기엔 너무 아름다웠기 때문이다.

마안도

해중림

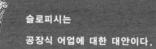

슬로피시는
공장식 어업에 대한 대안이다.

슬로피시는 중요한 정책 방향을
제시한다. 그것은 바로
지속 가능한 어업과 소비자의
책임 있는 수산물 소비다.

지금은 세계적으로
녹색혁명을 넘어
청색혁명에 주목하고 있다.
청색혁명을 통해 수산물 공급에
대한 기대감이 크며, 엄청난
자원의 보고인 바다와 갯벌에
관심이 집중되고 있다.

느림과 기다림의 이로움,
슬로피시를 아시나요?

슬로
피시

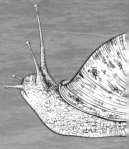

우리나라는 이미 전통적으로 슬로피시를 갖고 있다. 너른 남해의 죽방렴은 대나무로 발을 쳐 놓고 밀물과 썰물에 따라 헤엄치다가 걸리는 물고기를 잡는 어법이다. 이와 같은 원리의 어법이 서해와 남해, 제주에도 있다. 서해 강화도에 가면 너른 갯벌에 새 그물처럼 길게 건간망이 쳐져 있다. 숭어나 망둑어 같은, 갯벌에서 조류에 따라 오가는 물고기를 잡는 어구다. 어법은 같으나 재료가 그물에서 돌로 바뀐 어구도 있다. 서해 갯벌에 있는 독살과, 남해 석방렴이 그것이다. 제주의 원담도 빼놓을 수 없다.

요즘 텔레비전을 틀고 신문을 들추면, 가장 많이 등
장하는 프로그램이나 기사가 이른바 먹방, 침샘을
자극하는 음식 이야기다. 계절에 따라 현지를 찾아
다니며 별미를 소개하는 방송인, 화려한 요리법을 선보이며 영양까지
챙기는 셰프, 전국에 있는 유명 맛집의 음식을 평가하는 맛집 투어까지
온통 먹는 것에 관심이 높다. 이와 함께 다른 한쪽에서는 제철 음식이니
로컬푸드local food니 슬로푸드slow food니 하는 용어들이 심심찮게 등장
한다. 이럴진대 어느 모임에 나가 품위 있게 한자리 끼려면 새로이 대두
되는 먹을거리에 대해 공부를 해야 할 정도다.

　슬로푸드란 패스트푸드에 대립하는 개념이다. 지역의 전통적인 식생
활 문화나 식재료를 다시 생각해 보는 운동 또는 그 식품 자체를 가리
킨다. 슬로푸드 운동은 1986년 이탈리아 피에몬테 주의 작은 마을 브라

325

Bra에서, 식생활 문화 잡지 〈고라Gora〉의 편집자 카를로 페트리니Carlo Petrini가 이탈리아 풀뿌리문화부흥운동 조직인 아르치ARCI, 여가문화협회의 한 부문으로 '아르치·고라'라는 음식 모임을 만들면서 출발했다. 1980년대 중반 로마의 명소로 알려진 에스파냐 광장에 맥도날드가 문을 열자, 이 패스

슬로푸드 운동을 제창한 카를로 페트리니

트푸드가 이탈리아의 식생활 문화를 망친다는 위기감을 느끼면서 급기야 전통 식생활 문화를 지키자는 슬로푸드 운동으로 이어졌다. 이러한 배경 때문에 슬로푸드 운동을 '안티맥도날드 운동'이라고도 부른다. 속도를 중시하느라 영양은 불균형적인 패스트푸드에 반기를 들고 정성이 담긴 전통음식으로 건강한 먹을거리를 되찾자는 취지에서 발생했으며, 이후 사람들이 "미식이란 무엇인가?"라는 질문으로부터 전통식, 소박한 식재료, 유기농, 건강에 좋은 것에 관심을 가지면서 주목을 끌었다.

공장식 어업에 대한 대안

슬로푸드 운동은 1989년 파리에서 결성된 국제슬로푸드협회 설립대회에서 "사람은 기뻐할 권리가 있다"라는 개념의 슬로푸드

선언을 계기로 국제적 운동으로 발전하여, 2015년 전 세계 160개 이상의 국가에서 10만 명이 넘는 회원과 100만 명이 넘는 후원자가 참여하고 있다. 2000년 우리나라에 처음 소개된 슬로푸드 운동은 2007년부터 (사)슬로푸드문화원을 중심으로 본격적 활동을 시작하여, 2014년 5월에 국제슬로푸드한국협회(Slow Food Korea, http://www.slowfood.or.kr)가 출범하면서 저변을 확대하고 있다.

슬로푸드 운동은 단순히 좋은 음식인 슬로푸드를 먹자는 데 그치는 것이 아니라, 근대화 과정에서 효율성을 강조하면서 생겨난 다양성 감소나 지속 가능성 저하에 대응하는 운동이다. 슬로푸드 운동에서 말하는 슬로푸드는 좋은good, 깨끗한clean, 공정한fair 음식을 말한다. 좋은 음식은 맛과 풍미가 있고, 신선하고, 감각을 자극하며, 만족시키는 음식이다. 깨끗한 음식은 그 생산으로 생태계와 환경을 해치지 않으며, 건강을 위협하지 않는 음식이다. 공정한 음식은 먹을거리를 생산한 생산자들의 노고를 인정하고, 그것에 합당한 가격을 지불한 음식이다.

이러한 슬로푸드 운동은 주로 농업에 관심을 기울여 왔다. 농업 없이는 먹을거리가 없다고 여겼기 때문이다. 하지만 공장 수준의 효율성을 강조하는 산업형 농업은 땅을 망가뜨리고, 물을 오염시키고, 종자를 사라지게 하며, 농민들의 설 자리를 잃게 해 지역 농업의 기반을 붕괴시킨다. 최근 이 슬로푸드 운동은 축산과 어업 부문에도 확대되고 있다. 현대의

슬로푸드 로고

다양한 슬로피시 캠페인

공장식 축산과 공장식 어업으로
지속 가능성이 위기에 몰리고 있
으므로 이에 대응해야 한다고 생
각한다. 즉 공장식 축산에 대한 대
안으로 자연 축산을 제시하고, 소
비자에게 동물성 고기를 적게 먹
을 것을 권하고 있다. 또한 공장식
어업에 대한 대안으로 '슬로피시'
를 주창한다.

슬로피시는 지속 가능한 어업과
그것을 가능케 하는 소비자의 책
임 있는 수산물 소비를 지향하는
개념이자 국제행사를 일컫는데, 국
제행사는 2003년 이탈리아 제노바
에서 처음 열린 후 홀수 해마다 열
린다. 어업 공동체와 수산 관계자
들이 모여, 점차 고갈되는 해양 식
량 자원에 공동으로 대응하고 바
다를 지속적으로 이용하기 위한
국제적 캠페인을 펼친다. 수산자
원 관련 회의, 워크숍, 미각 체험,
요리대회 등 다양한 프로그램으로

구성된다. 슬로피시는 민간과 공공기관의 거버넌스 형태로 진행되는데, 기획이나 콘텐츠 개발은 슬로푸드 운동이 담당한다.

슬로푸드 생물다양성재단의 슬로피시 활동도 주목된다. 이 재단은 최근에 23개 어업 공동체와 함께 23개 프레시디아(생산자 활동 지원 프로젝트)를 시작하여 좋고, 깨끗하고, 공정한 생선이 점점 더 확산되고 있다. 좋은 생선이란 우리의 감각을 만족시키는 신선하고 맛있는 제철 생선으로, 지역의 문화와 연관된 것을 말한다. 깨끗한 생선은 환경과 인간의 건강을 존중하는 방식으로 생산한 것을 말한다. 공정한 생선은 소비자들이 접근할 수 있는 가격이고, 소규모 생산자나 작업자에게 온전한 작업 및 생활이 가능한 소득을 보장해 주는 가격을 지불한 생선을 말한다.

청색혁명이 시작된다

최근 식량 자원 공급과 관련해 바다와 갯벌의 중요성에 대한 인식이 점점 커지고 있다. 하지만 연안 난개발과 갯벌 오염, 과잉 양식 등의 문제로 어려움을 겪고 있는 것도 사실이다. 이러한 사정을 고려할 때 우리나라에서도 슬로피시에 대한 관심과 정책이 시급하다고 할 수 있다.

지금은 세계적으로 녹색혁명을 넘어 청색혁명blue revolution에 주목하고 있다. 청색혁명을 통해 수산물 공급에 대한 기대감이 크며, 엄청난 자원의 보고인 바다와 갯벌에 관심이 집중되고 있다. 식량 자급률 47퍼센트, 곡물 자급률 23퍼센트에 불과한 우리나라는 바다에서 생산되는

남해 석방렴

서해 건강망

식량에 관심을 기울일 수밖에 없다. 잡는 어업에 비해 기르는 어업이 여러 면에서 효율적일 수도 있다. 하지만 지속 가능하지 않은 방식으로 바다와 갯벌에 접근한다면 식량 자급률을 높이기는커녕 오히려 문제를 낳을 수 있다. 슬로푸드 운동이 제안하는 슬로피시는 중요한 정책 방향을 제시한다. 그것은 바로 지속 가능한 어업과 소비자의 책임 있는 수산물 소비다.

제주 한림읍의 금능원담

우리나라의 슬로피시

우리나라 슬로피시의 대표 사례로는 전통 어업인 죽방렴과 그 어업으로 생산된 품질 좋은 멸치가 주목을 받았다. 2001년 포르투갈 포르토에서 열린 슬로푸드 시상대회에서, 경남 남해 창선에서 죽방멸치를 생산하는 류광춘 씨가 심사위원 특별상을 받았다. 전통 어획 방법을 지키면서 품질 좋은 멸치를 생산하고 있는 공적을 인정받은 것

333

이다. 당시 슬로푸드 리더들에게 죽방멸치와 그 멸치로 만든 멸치젓을 소개했는데, 이를 맛본 사람들 모두 고품질의 멸치와 그 맛에 감탄했다. 죽방렴과 죽방멸치가 보여 주듯이, 우리나라는 이미 전통적으로 슬로 피시를 갖고 있다. 너른 남해의 죽방렴은 대나무로 발을 쳐 놓고 밀물과 썰물에 따라 헤엄치다가 걸리는 물고기를 잡는 어법이다. 이와 같은 원리의 어법이 서해와 남해, 제주에도 있다. 서해 강화도에 가면 너른 갯벌에 새 그물처럼 길게 건간망(建干網)이 쳐져 있다. 숭어나 망둑어 같은, 갯벌에서 조류에 따라 오가는 물고기를 잡는 어구다.

어법은 같으나 재료가 그물에서 돌로 바뀐 어구도 있다. 서해 갯벌에 있는 독살과, 남해 석방렴이 그것이다. 제주의 원담도 빼놓을 수 없다.

원담을 처음 만들 때에는 어촌계 사람들 모두가 함께 무거운 돌을 하나하나 맞잡아 옮기고 쌓았을 것이다. 지금은 그 엄청난 일을 맨손이 아닌 포클레인으로 하루아침에 만들 수 있으니 그 시기에 많은 노동력을 제공했던 것이 다소 미련해 보일 수 있을 것이다. 경제적인 측면에서 노동생산성을 감안하면 답 안 나오는 행위임에 틀림없다. 그러나 다시 생각해 보면 원담은 초기 투자비가 많이 들긴 해도 한번 시설해 놓기만 하면 선박 기름값이나 소모품인 그물값이 들지 않으니 오히려 장기적으로는 이득일 수 있다. 자연순응적 생태어업이 경제성도 있음을 입증한 셈이다. 우리는 이들을 전통어업 또는 생태어업이라고 말한다. 그만큼 오래전부터 먹고살려고 했던 자연발생적인 고기잡이며 자연순응적인 어업이라는 의미이다. 요즘 먹거리 관점에서 보면, 이들 어업에 의해 잡힌 물고기는 슬로피시에 해당한다. 즉 현대사회에서 이문을 남기려고 빠르게 대량으로 생산하는 공장식 먹거리가 아니라, 과거 전통 방식으로 자연에 순응하며 소비자와 가까운 생산지에서 얻어낸 수산물인 것이다. 지속가능성이 위기인 시대에 슬로피시는 미래의 어업이고 미래의 식량자원이라 할 수 있다. 이제 생선도 그냥 생선이 아니라 좋고, 깨끗하고, 공정한 생선이어야 한다. 앞으로 슬로피시를 지향하는 정부의 정책과 소비자의 슬로피시 실천을 유도해 나가야 할 것이다.

시스템키친의 화려함에도 불구하고 부엌의 즐거움이 되살아나지 않고, 재빠르고 영양이 넘치며 기름진 식탁에도 불구하고 우리 가족들의 건강이 위협받고 있는 것이 오늘날 우리가 처한 먹을거리의 그늘이다. 먹을거리가 비록 우리 삶의 전부는 아닐지라도, 우리의 삶을 지속시키고 우리 삶의 질을 높여 주는 의미에서 음식은 매우 중요하다.

> 인류는 종이 소멸되는 위협에 처하기 전에 속도로부터 벗어나야 한다. 속도와 효율성에 도취한 흐름에 전염되지 않기 위해서는 느리고 오래가는 기쁨과 즐거움을 적절하게 누려야 한다. 이것에 대한 우리의 방어는 슬로푸드 식탁에서 시작되어야 한다.
> _슬로푸드 선언문

사진 및 자료 출처

경향신문 강윤중 기자 130-131

국립수산과학원 153

국립중앙과학관 312

남해군 304(위)

북태평양소하성어류위원회(NPAFC) 248, 249, 250, 252, 253,

셔터스톡 14-15, 36-37, 48(아래), 53, 55, 58, 70, 78, 93, 103, 107(위), 152, 153, 160-161,
   163, 189, 196, 197, 200-201, 206, 222(위), 226-227, 245, 261, 266, 294, 318-319

수협중앙회 홍보실 330-331

연합뉴스 83, 109

요트피아 박미라 기자 304(아래)

원승환 박사 63

위키미디어 159

이준상 박사 논문 61

임회선 셰프 265

정은경 사진작가 139, 140, 144(아래), 320

EBS 166(위)

FIRA 고혜웅 수산자원조사원 166(아래)

FIRA 김광복 전문위원 26, 32, 39

FIRA 김민주 수산자원조사원 69 자료

FIRA 김준상 수산자원조사원 193, 209

FIRA 김주경 연구원 246, 258

FIRA 노한욱 연구원 260 아래 사진

FIRA 신춘수 전문위원 313

FIRA 정순봉 수산자원조사원 207

FIRA 하희정 수산자원조사원 142-143

FIRA 한은규 연구원 66-67

한국수산자원관리공단 136, 225, 228, 231, 233, 236, 287

해삼수산 박송범 대표 31

《수산자원조사 50년》 221

그 외 제공 황선도 박사

사진 및 자료를 제공해 준 기관 및 관계자 분들께 감사드립니다. 이 책에 실린 사진과 자료
는 저작권자와 협의 후 정해진 절차에 따라 사용 허락을 받는 데 최선을 다했습니다. 일부
저작권자를 찾지 못한 사진은 확인되는 대로 정해진 절차에 따라 이용료를 지불하겠습니다.